RAN ANS BROT

Brot backen einfach wie nie:
von 5-Minuten-Teig
bis No-Knead-Bread

RAN ANS BROT

Brot backen einfach wie nie:
von 5-Minuten-Teig
bis No-Knead-Bread

AUTORIN: ANNA WALZ | FOTOGRAF: JOERG LEHMANN

INHALT

WAS GIBT ES SCHÖNERES …

… als den Duft von frisch gebackenem Brot? Vielleicht das knusprige Krachen der Kruste oder der aromatische Geschmack? Für mich sind das alles Highlights beim Brotbacken zu Hause. Außerdem weiß ich, was drin ist im Brot, und kann nach Lust und Laune das backen, worauf ich gerade Appetit habe. Wenn da nur nicht immer die langen Wartezeiten und das lästige Einkaufen der Spezialzutaten wären. Von den klebrigen Händen und der teigverschmierten Arbeitsfläche ganz zu schweigen. Aber was wäre, wenn das einfacher gehen würde? Wenn jeder ganz easy sein eigenes Brot backen könnte? Mit diesem Buch schaffen Sie das! Brotrezepte, an die sich jeder trauen kann und die keine besonderen Kenntnisse, Zutaten oder Werkzeuge erfordern. Ich teile hier mit Ihnen meine fünf einfachen Tricks, die das Brotbacken zum Kinderspiel machen.

Da wären zum Beispiel die Brote ohne Kneten, bei denen Sie sich nicht mehr die Finger klebrig machen müssen. Oder die 5-Minuten-Teige, die, wie der Name schon sagt, super schnell zusammengeknetet sind und dann auch schon sofort in den Ofen können. Ganz ohne lange Wartezeiten. Außerdem die Alles-kann-rein-Teige, die Sie nach Lust, Laune und Inhalt des Vorratsregals abwandeln können.
So kann man auch ohne langes Suchen oder extra Einkaufen von Zutaten sein Lieblingsbrot in den Ofen schieben. Die Rezepte im Kapitel »Raffiniert, aber total easy« haben alle einen kleinen, besonderen Kniff. So können Sie mit ganz wenigen Handgriffen und ohne Brotbackkenntnisse beeindrucken – sich selbst und Ihre Gäste. Und für die ganz Eiligen gibt es auch noch die Fixen mit Fertigteig. Hier habe ich süße und salzige Rezepte für Sie entwickelt, die in Windeseile fertig sind. Für das Geburtstagsbüfett, eine spontane Einladung oder den Wochenendbrunch. Gekaufte Brötchen vom Bäcker können Sie also ab sofort streichen!

Außerdem finden Sie in jedem Kapitel viele nützliche Tipps. Wussten Sie schon, dass Hefeteig gerne mal in der Kälte übernachtet? Und wie man sich mit dem Tütenteig-Trick garantiert nicht die Finger schmutzig macht? Klingt ungewöhnlich? Ist es auch – funktioniert aber garantiert! Und gerade darum sollten Sie meine
Ideen unbedingt einmal selbst ausprobieren.

Mit meinen einfachen Rezepten denken Sie ab hoffentlich sofort und auch immer öfter: »Ran ans Brot!« Trauen Sie sich und legen Sie am besten noch heute los.

Viel Spaß beim Backen!
Ihre

A. Walz

TRICK 1

BROTE OHNE KNETEN

ÜBERNACHTTEIG

Teig auf Vorrat?
Von Teigen ohne Kneten, die mindestens 8 Std. kühl stehen müssen, können Sie größere Mengen zubereiten und an mehreren Tagen Brot backen! Rezept z. B. Französisches Weißbrot (s. S. 40).

Wie aufbewahren?
Der Teig kommt in eine große Schüssel und wird so abgedeckt, dass er etwas Luft bekommt: mit einem Deckel mit Loch oder mit Frischhaltefolie, in die Sie mit einer Gabel kleine Löcher stechen.

Wo aufbewahren?
Die Schüssel mit dem Teig kommt dann in den Kühlschrank. Dort können Sie den Teig bis zu sieben Tage stehen lassen und bei Bedarf zum Backen portionsweise ein Stück davon abnehmen.

Was wird daraus? Zum Beispiel Brote oder Brötchen! Dafür 500 g Teig formen, ca. 30 Min. gehen lassen und im auf 230 °C vorgeheizten Backofen (2. Schiene von unten) je nach Größe 30–40 Min. backen.

Was geht noch? Pizza! Dafür pro Pizza ca. 250 g Teig auf Mehl dünn ausrollen, mit Pizzasauce bestreichen und nach Belieben belegen. Im auf 250 °C vorgeheizten Backofen (2. Schiene von unten) 10–15 Min. backen.

Wie variieren? Varianten mit Dinkel- und Roggenmehl gehen natürlich auch – Rezept z. B. Würziges Sauerteig-Roggenbrot (s. S. 42). Nach Belieben Kerne und Saaten aufstreuen oder den Teig darin rollen.

Wie im Topf backen? Sie benötigen einen Topf oder Bräter (ca. 22 cm ∅) mit Deckel, der rundum ofenfest ist. Dickwandiges Gusseisen sorgt für die besten Ergebnisse, doch auch im Tontopf gelingt alles gut.

HELLES KÖRNERBROT

Für 1 Brot (ca. 18 Scheiben)
Zubereitungszeit: 5 Min.
Gehzeit: mind. 8 Std.
Backzeit: 45 Min.

Pro Scheibe ca. 100 kcal,
4 g E, 3 g F, 15 g KH

370 g Weizenmehl Type 550
100 g gemischte Kerne und Saaten (z. B. Sonnenblumenkerne, Sesam, Kürbiskerne, Mohn)
Salz
½ TL Trockenhefe

Außerdem:
ofenfester Topf mit Deckel (ca. 22 cm ∅; am besten Gusseisen, s. S. 11)

1 Mehl, 80 g Kerne und 1 ½ TL Salz in einer Schüssel mischen. Die Hefe mit 350 ml lauwarmem Wasser verrühren. Die Hefe- zur Mehlmischung geben und alles gut mit einem Kochlöffel oder den Knethaken des Handrührgeräts bzw. in der Küchenmaschine vermengen.

2 Den Teig in eine große Schüssel füllen (er geht stark auf!) und mit Frischhaltefolie abdecken. Die Schüssel mindestens 8 Std. in den Kühlschrank stellen, am besten über Nacht.

3 Den Teig aus dem Kühlschrank nehmen. Den Topf mit aufgelegtem Deckel in den Backofen (2. Schiene von unten) stellen und den Ofen auf 230° vorheizen. Ist der Ofen heiß, den Topf vorsichtig herausnehmen und den Deckel entfernen. Den flüssigen Teig in den Topf füllen und mit den restlichen Kernen (20 g) bestreuen. Den Deckel sofort wieder aufsetzen und den Topf zurück in den Ofen stellen.

4 Das Brot 30 Min. backen, dann den Deckel entfernen und das Brot in weiteren 10–15 Min. offen fertig backen. Das Brot vorsichtig aus dem Topf nehmen, diesen dazu am besten umdrehen. Die Klopfprobe machen (s. S. 78), das Brot bei Bedarf noch 5–10 Min. ohne Topf weiterbacken. Das fertige Brot auf einem Kuchengitter vollständig auskühlen lassen.

NUR
4 ZUTATEN

CIABATTA

Für 1 Brot (ca. 22 Scheiben)
Zubereitungszeit: 15 Min.
Gehzeit: 2 Std.
Backzeit: 40 Min.

Pro Scheibe ca. 85 kcal,
3 g E, 1 g F, 17 g KH

500 g Mehl
2 TL Zucker
Salz
1 ½ TL Trockenhefe
1 EL Olivenöl

Außerdem:
Olivenöl für die Schüssel
Mehl zum Arbeiten

1 Mehl, Zucker und 2 TL Salz in einer Schüssel mischen. Hefe und Öl mit 340 ml lauwarmem Wasser verrühren. Die Hefe- zur Mehlmischung geben und alles ca. 7 Min. mit einem Kochlöffel oder den Knethaken des Handrührgeräts bzw. in der Küchenmaschine zu einem sehr flüssigen und zähen Teig vermengen. Eine große Schüssel leicht mit Öl fetten. Den Teig in die Schüssel füllen, mit Frischhaltefolie abdecken und an einem warmen Ort 2 Std. gehen lassen.

2 Einen Bogen Backpapier mit Mehl bestäuben und den Teig darauf mit bemehlten Fingern und evtl. einer Teigkarte zu einem Rechteck (ca. 30 × 10 cm) formen. Dabei möglichst wenig kneten und bearbeiten, damit viele Luftblasen erhalten bleiben, die typisch für ein Ciabatta sind. Das Brot mit etwas Mehl bestäuben.

3 Ein Backblech in den Backofen schieben (2. Schiene von unten) und eine ofenfeste Schale mit Wasser auf den Ofenboden stellen. Den Ofen auf 230° vorheizen. Ist der Ofen heiß, das Brot mit Wasser bestreichen. Dann mit dem Backpapier auf das heiße Blech ziehen, dieses dafür kurz aus dem Ofen nehmen. Die Temperatur auf 200° reduzieren und das Brot 35–40 Min. backen.

4 Die Klopfprobe machen (s. S. 78), das Brot bei Bedarf noch 5–10 Min. weiterbacken. Vom Blech nehmen und warm genießen oder auf einem Kuchengitter auskühlen lassen.

TIPP: Der Teig ist nach der Gehzeit immer noch sehr klebrig. Das macht aber nichts, denn er muss nicht perfekt aussehen, sondern sollte lediglich wie ein Ciabatta eine längliche Form haben!

EINFACHER KLASSIKER

SONNTAGSBRÖTCHEN

Für 6 Stück
Zubereitungszeit: 10 Min.
Gehzeit: mind. 8 Std.
Backzeit: 25 Min.

Pro Stück ca. 245 kcal,
8 g E, 2 g F, 48 g KH

350 g Weizenmehl Type 550
Salz
50 g flüssiger Sauerteig (Backzutatenregal)
5 g frische Hefe
ca. 3 TL Sonnenblumenkerne
ca. 3 TL Haferflocken (nach Belieben zarte oder kernige)

1 Mehl und 1 ½ TL Salz in einer Schüssel mischen. Sauerteig und Hefe mit 250 ml lauwarmem Wasser verrühren. Die Sauerteig- zur Mehlmischung geben und alles gut mit einem Kochlöffel oder den Knethaken des Handrührgeräts bzw. in der Küchenmaschine vermengen. Den Teig in eine große Schüssel füllen (er geht stark auf!) und mit Frischhaltefolie abdecken. Die Schüssel mindestens 8 Std. in den Kühlschrank stellen, am besten über Nacht.

2 Teig aus dem Kühlschrank nehmen. Ein Backblech in den Backofen schieben (2. Schiene von unten), eine ofenfeste Schale mit Wasser auf den Ofenboden stellen. Ofen auf 230° vorheizen.

3 Aus dem Teig mit einem Löffel sechs Häufchen formen und auf einen Bogen Backpapier setzen. Häufchen mit Wasser bestreichen, mit Sonnenblumenkernen und Haferflocken bestreuen. Die Brötchen mit dem Backpapier auf das heiße Blech ziehen, dieses dafür am besten kurz aus dem Ofen nehmen. Die Brötchen 10 Min. backen, dann die Wasserschale entfernen und die Brötchen in 10–15 Min. goldgelb fertig backen. Auf einem Kuchengitter auskühlen lassen.

MAISBRÖTCHEN

KANN ÜBER NACHT GEHEN

Für 12 Stück
Zubereitungszeit: 15 Min.
Gehzeit: mind. 8 Std.
Backzeit: 2 × 40 Min.

Pro Stück ca. 195 kcal,
6 g E, 3 g F, 37 g KH

1 kleine Dose Mais (140 g Abtropfgewicht)
400 g Weizenmehl Type 550
200 g Maismehl (ersatzweise Weichweizengrieß)
Salz
1 ½ TL Trockenhefe
1 TL Zucker
2 EL Olivenöl

1 Maiskörner in einem Sieb abtropfen lassen. Beide Mehlsorten, 2 TL Salz und Mais in einer Schüssel mischen. Hefe, Zucker und Olivenöl mit 500 ml lauwarmem Wasser verrühren. Die Hefe- zur Mehlmischung geben und alles gut mit einem Kochlöffel oder den Knethaken des Handrührgeräts bzw. in der Küchenmaschine vermengen. Den Teig in eine große Schüssel füllen (er geht stark auf!) und mit Frischhaltefolie abdecken. Die Schüssel mindestens 8 Std. in den Kühlschrank stellen, am besten über Nacht.

2 Teig aus dem Kühlschrank nehmen. Ein Backblech in den Backofen schieben (2. Schiene von unten), eine ofenfeste Schale mit Wasser auf den Ofenboden stellen. Ofen auf 230° vorheizen.

3 Aus der Hälfte des Teigs sechs Häufchen formen und auf einen Bogen Backpapier setzen. Die Brötchen mit dem Backpapier auf das heiße Blech ziehen, dieses dafür am besten kurz aus dem Ofen nehmen. Brötchen in 40 Min. goldgelb backen. Vom Blech nehmen und auf einem Kuchengitter auskühlen lassen. Übrigen Teig auf die gleiche Weise zu sechs Brötchen formen und backen.

HONIG-BIER-BROT

Für 1 Brot (ca. 20 Scheiben)
Zubereitungszeit: 5 Min.
Gehzeit: mind. 8 Std.
Backzeit: 35 Min.

Pro Scheibe ca. 95 kcal,
3 g E, 0 g F, 18 g KH

500 g Dinkelmehl Type 630
Salz
165 ml Bier (½ Flasche)
¼ Würfel frische Hefe (10 g)
1 EL Honig

Außerdem:
ofenfester Topf mit Deckel (ca. 22 cm ∅; am besten Gusseisen, s. S. 11)

1 Dinkelmehl und 2 TL Salz in einer Schüssel mischen. Das Bier mit 225 ml heißem Wasser, Hefe und Honig verrühren. Die Hefe- zur Mehlmischung geben und alles gut mit einem Kochlöffel oder den Knethaken des Handrührgeräts bzw. in der Küchenmaschine vermengen. Den Teig in eine große Schüssel füllen (er geht stark auf!) und diese mit Frischhaltefolie abdecken. Die Schüssel mindestens 8 Std. in den Kühlschrank stellen, am besten über Nacht.

2 Den Teig aus dem Kühlschrank nehmen. Den Topf mit aufgelegtem Deckel in den Backofen (2. Schiene von unten) stellen und den Ofen auf 230° vorheizen. Ist der Ofen heiß, den Topf vorsichtig aus dem Ofen nehmen und den Deckel entfernen. Den flüssigen Teig in den Topf füllen. Den Deckel sofort wieder aufsetzen und den Topf zurück in den Ofen stellen.

3 Das Brot 30 Min. backen, dann den Deckel entfernen und das Brot in weiteren 5 Min. offen fertig backen. Das Brot vorsichtig aus dem Topf nehmen, diesen dazu am besten umdrehen. Die Klopfprobe machen (s. S. 78), das Brot bei Bedarf noch 5–10 Min. ohne Topf weiterbacken. Das fertige Brot auf einem Kuchengitter vollständig auskühlen lassen.

TIPP: Mit der Biersorte können Sie den Geschmack des Brots beeinflussen. Mit einem Pils wird es etwas kräftiger, mit einem Hellen milder – probieren Sie sich doch einfach mal durchs Regal!

KANN ÜBER NACHT GEHEN

SCHOKO-BANANEN-BROT

Für 1 Brot (ca. 22 Scheiben)
Zubereitungszeit: 5 Min.
Backzeit: 45 Min.

Pro Scheibe ca. 110 kcal,
2 g E, 4 g F, 16 g KH

60 g Butter
3 reife Bananen (ca. 375 g)
1 Ei (M)
100 g Zucker
2 TL Backpulver
220 g Mehl
100 g backfeste Zartbitter-Schokotropfen
Salz

Außerdem:
Kastenform (30 cm lang)
Butter und Mehl für die Form

1 Die Butter in einem Topf bei mittlerer Hitze zerlassen. Die Bananen schälen und in einer Schüssel mit einer Gabel zu einer feinen Paste zerdrücken. Bananenpaste, Butter und Ei verrühren.

2 Zucker, Backpulver, Mehl, Schokotropfen und 1 Prise Salz in einer Schüssel mischen. Die Bananenmischung dazugeben und alles gut mit den Knethaken des Handrührgeräts bzw. in der Küchenmaschine zu einem sehr weichen Teig vermengen.

3 Den Backofen auf 180° vorheizen. Die Kastenform mit Butter fetten und mit Mehl ausstäuben. Den Teig in die Form füllen und glatt streichen. Das Brot im Ofen (2. Schiene von unten) 45 Min. backen.

4 Die Stäbchenprobe machen (s. S. 78), das Brot bei Bedarf noch 5–10 Min. weiterbacken. Das fertige Brot auf einem Kuchengitter in der Form ca. 15 Min. abkühlen lassen, dann aus der Form lösen und vollständig auskühlen lassen.

TIPP: In Frischhaltefolie gewickelt bleibt das Brot 3 bis 4 Tage schön saftig. Warm schmeckt es besonders gut, dafür eine Scheibe abschneiden und kurz im Toaster aufbacken.

SCHNELL
WAS SÜSSES

BROTSTANGEN

NUR
4 ZUTATEN

1

2

3

4

Für 2 Stück (ca. 16 Scheiben)
Zubereitungszeit: 10 Min.
Gehzeit: 1 Std. 30 Min.
Backzeit: 25 Min.

Pro Scheibe ca. 80 kcal,
3 g E, 0 g F, 17 g KH

380 g Mehl
1 TL Zucker
Salz
¼ Würfel frische Hefe (10 g)

Außerdem:
Mehl zum Arbeiten

1 Mehl, Zucker und 2 TL Salz in einer Schüssel mischen. Die Hefe mit 300 ml lauwarmem Wasser verrühren (Bild 1). Hefe- zur Mehlmischung geben und alles gut mit einem Kochlöffel oder den Knethaken des Handrührgeräts bzw. in der Küchenmaschine vermengen. Den Teig in eine große Schüssel füllen (er geht stark auf!), mit Frischhaltefolie abdecken und 1 Std. 30 Min. bei Zimmertemperatur gehen lassen.

2 Ein Backblech in den Backofen (2. Schiene von unten) schieben und eine ofenfeste Schale mit Wasser auf den Ofenboden stellen. Den Ofen auf 230° vorheizen. Einen Bogen Backpapier stark mit Mehl bestäuben (Bild 2). Den Teig mithilfe eines Teigschabers oder einer Teigkarte zu zwei ca. 30 cm langen Streifen auf das Backpapier geben, dabei mit Teigschaber oder -karte die Außenkanten solange über den Teig schlagen, bis die Brote schmal genug sind (Bild 3).

3 Brote mit etwas Mehl bestäuben und sofort mit dem Backpapier auf das heiße Blech ziehen, dieses dafür am besten kurz aus dem Ofen nehmen. Brote 2 Minuten anbacken, dann die Oberfläche mit einem scharfen Messer je 3-mal schräg einschneiden (Bild 4). Brote 15 Minuten weiterbacken. Schüssel mit dem Wasser entfernen und die Brote in 3–8 Min. goldbraun fertig backen. Auf einem Kuchengitter lauwarm oder vollständig abkühlen lassen.

BROTSTICKS À LA GRISSINI

Für 12 Stück
Zubereitungszeit: 15 Min.
Gehzeit: mind. 8 Std. 30 Min.
Backzeit: 15 Min.

Pro Stück ca. 85 kcal,
2 g E, 2 g F, 15 g KH

250 g Weizenmehl Type 550
Salz
1 TL Trockenhefe
2 EL Olivenöl

Außerdem:
Mehl zum Arbeiten

1 Mehl und 1 TL Salz in einer Schüssel mischen. Die Hefe mit 175 ml lauwarmem Wasser verrühren. Hefe- zur Mehlmischung geben und alles gut mit einem Kochlöffel oder den Knethaken des Handrührgeräts bzw. in der Küchenmaschine vermengen. Den Teig in eine große Schüssel füllen (er geht stark auf!) und mit Frischhaltefolie abdecken. Die Schüssel mindestens 8 Std. in den Kühlschrank stellen, am besten über Nacht.

2 Einen Bogen Backpapier bereitlegen. Den Teig aus dem Kühlschrank nehmen und auf der leicht bemehlten Arbeitsfläche zu einem Quadrat (20 × 20 cm) flach drücken. Das Teigquadrat mit einem scharfen Messer zügig in zwölf gleich breite Streifen schneiden und diese mit etwas Abstand zueinander auf das Backpapier legen. Die Teigstreifen mit Wasser bestreichen, mit Frischhaltefolie abdecken und 30 Min. gehen lassen.

3 Inzwischen ein Backblech in den Backofen schieben (2. Schiene von unten) und eine ofenfeste Schale mit Wasser auf den Ofenboden stellen. Den Ofen auf 230° vorheizen.

4 Brotsticks mit Olivenöl bestreichen und mit dem Backpapier auf das heiße Blech ziehen, dieses dafür am besten kurz aus dem Ofen nehmen. Sticks 10 Min. backen, dann die Schüssel mit dem Wasser entfernen und die Sticks in ca. 5 Min. goldbraun fertig backen. Warm essen oder auf einem Kuchengitter auskühlen lassen.

TIPP: Die Sticks können Sie vor dem Backen nach Belieben mit gehackten Kräutern, Gewürzen oder Salz bestreuen.

NUR 4 ZUTATEN

KNUSPRIGES MAISBROT

Für 1 Brot (ca. 18 Scheiben)
Zubereitungszeit: 5 Min.
Gehzeit: mind. 8 Std.
Backzeit: 45 Min.

Pro Scheibe ca. 125 kcal,
4 g E, 2 g F, 23 g KH

400 g Weizenmehl Type 550
200 g Maismehl
Salz
1 ½ TL Trockenhefe
1 TL Zucker
2 EL Olivenöl

Außerdem:
ofenfester Topf mit Deckel (ca. 22 cm ∅; am besten Gusseisen, s. S. 11)
Maismehl zum Bestreuen

1 Beide Mehlsorten und 2 TL Salz in einer Schüssel mischen. Hefe, Zucker und Olivenöl mit 500 ml lauwarmem Wasser verrühren. Hefe- zur Mehlmischung geben und alles gut mit einem Kochlöffel oder den Knethaken des Handrührgeräts bzw. in der Küchenmaschine vermengen. Den Teig in eine große Schüssel füllen (er geht stark auf!) und mit Frischhaltefolie abdecken. Die Schüssel mindestens 8 Std. in den Kühlschrank stellen, am besten über Nacht.

2 Den Teig aus dem Kühlschrank nehmen. Den Topf mit aufgelegtem Deckel in den Backofen (2. Schiene von unten) stellen und den Ofen auf 230° vorheizen. Ist der Ofen heiß, den Topf vorsichtig herausnehmen und den Deckel entfernen. Den flüssigen Teig in den heißen Topf füllen und mit etwas Maismehl bestreuen. Den Deckel sofort wieder aufsetzen und den Topf zurück in den Ofen stellen.

3 Das Brot 30 Min. backen, dann den Deckel entfernen und das Brot in weiteren 10–15 Min. offen fertig backen. Das Brot vorsichtig aus dem Topf nehmen, diesen dazu am besten umdrehen. Die Klopfprobe machen (s. S. 78), das Brot bei Bedarf noch 5–10 Min. ohne Topf weiterbacken. Das fertige Brot auf einem Kuchengitter vollständig auskühlen lassen.

KANN
ÜBER NACHT
GEHEN

AMERIKANISCHES MAISBROT

Für 1 Brot (14 Stücke)
Zubereitungszeit: 10 Min.
Backzeit: 30 Min.

Pro Stück ca. 150 kcal,
4 g E, 7 g F, 20 g KH

90 g Butter
160 g Maismehl
140 g Mehl
2 TL Backpulver
50 g Zucker
Salz
200 g Buttermilch
2 Eier (L)

Außerdem:
flache Auflaufform (ca. 1,2 l Inhalt)
weiche Butter für die Form

1 Die Butter in einem kleinen Topf bei mittlerer Hitze zerlassen und zunächst beiseitestellen. Die Auflaufform mit weicher Butter fetten und in den Backofen (2. Schiene von unten) schieben. Den Ofen auf 210° vorheizen.

2 Beide Mehlsorten, Backpulver, Zucker und 1 TL Salz in einer Schüssel mischen. Buttermilch, 70 g der flüssigen Butter und Eier in einer zweiten Schüssel gut verquirlen. Buttermilch- zur Mehlmischung geben und alles mit einem Schneebesen oder den Rührbesen des Handrührgeräts zu einem glatten, flüssigen Teig verrühren.

3 Den Teig in die heiße Auflaufform füllen und in 25–30 Min. goldgelb backen. Die Form aus dem Ofen nehmen und das Brot noch heiß mit der restlichen Butter (20 g) bestreichen. Das Brot zum Servieren in Stücke schneiden und am besten noch warm servieren.

TIPP: Sie mögen es scharf? Probieren sie doch mal eine Variante mit gehackten Chilischoten (z. B. Jalapeno) und ein wenig abgeriebener Bio-Limettenschale. So gewürzt passt das Brot perfekt zu einem Chili oder einer Guacamole.

ECHTES
BLITZREZEPT

FOCACCIA MIT ROSMARIN

EINFACHER KLASSIKER

1

2

3

4

Für 1 Brot (ca. 10 Scheiben)
Zubereitungszeit: 15 Min.
Gehzeit: mind. 8 Std.
Backzeit: 40 Min.

Pro Scheibe ca. 215 kcal,
6 g E, 6 g F, 36 g KH

500 g Weizenmehl Type 550
Salz
1 Pck. Trockenhefe
1 TL Zucker
5 EL Olivenöl
2 Zweige Rosmarin
1 EL mittelgrobes Meersalz

Außerdem:
Springform (26 cm ∅)

1 Das Mehl und 2 TL Salz in einer Schüssel mischen. Hefe, Zucker und 1 EL Olivenöl mit 450 ml lauwarmem Wasser verrühren. Die Hefe- zur Mehlmischung geben und alles gut mit einem Kochlöffel oder den Knethaken des Handrührgeräts bzw. in der Küchenmaschine vermengen.

2 Den Teig in eine große Schüssel füllen (er geht sehr stark auf) und mit Frischhaltefolie abdecken. Mindestens 8 Std. bei Zimmertemperatur gehen lassen, am besten über Nacht.

3 Den Backofen auf 200° vorheizen. Den Boden der Springform mit Backpapier auslegen. Den Teig in die Form füllen und gleichmäßig mit der leicht geölten oder bemehlten Hand flach drücken (Bild 1). Mit den Fingern kleine Mulden in den Teig drücken (Bild 2). Das Brot gleichmäßig mit 2 EL Olivenöl bestreichen (Bild 3).

4 Die Focaccia im Ofen (2. Schiene von unten) zunächst 20 Min. backen. Inzwischen den Rosmarin waschen und trocken tupfen, die Nadeln abzupfen und grob hacken. Die Focaccia nach den 20 Min. Backzeit mit dem übrigen Olivenöl (2 EL) bestreichen und mit dem Rosmarin sowie grobem Salz bestreuen (Bild 4). Dann in weiteren 20 Min. goldgelb fertig backen. Aus der Form nehmen und auf einem Kuchengitter auskühlen lassen.

TOMATENBAGUETTE

Für 1 Brot (ca. 10 Scheiben)
Zubereitungszeit: 20 Min.
Gehzeit: mind. 8 Std.
Backzeit: 45 Min.

Pro Scheibe ca. 150 kcal,
4 g E, 4 g F, 24 g KH

75 g getrocknete Tomaten (in Öl; abgetropft)
330 g Weizenmehl Type 550
Salz
1 EL getrocknete italienische Kräuter
1 TL Zucker
1 ½ TL Trockenhefe

Außerdem:
Mehl zum Arbeiten

1 Die Tomaten leicht trocken tupfen und in kleine Würfel schneiden. Mehl, Tomatenwürfel, 1 ½ TL Salz, getrocknete Kräuter und Zucker in einer Schüssel mischen. Die Hefe mit 250 ml lauwarmem Wasser verrühren. Die Hefe- zur Mehlmischung geben und alles gut mit einem Kochlöffel oder den Knethaken des Handrührgeräts bzw. in der Küchenmaschine vermengen.

2 Den Teig in eine große Schüssel füllen (er geht stark auf) und mit Frischhaltefolie abdecken. Die Schüssel mindestens 8 Std. in den Kühlschrank stellen, am besten über Nacht.

3 Ein Backblech in den Backofen schieben (2. Schiene von unten). Den Ofen auf 220° vorheizen. Einen Bogen Backpapier mit Mehl bestäuben, den weichen, etwas klebrigen Teig daraufgeben und mit leicht bemehlten Händen zu einem ca. 30 cm langen Strang formen. Dann den Teigstrang mit bemehlten Händen mehrmals gegeneinander verdrehen.

4 Das Brot mit dem Backpapier auf das heiße Blech ziehen, dieses dazu am besten kurz aus dem Ofen nehmen. Das Baguette in ca. 45 Min. goldbraun backen, dann vom Blech nehmen und auf einem Kuchengitter lauwarm oder vollständig abkühlen lassen.

KANN
ÜBER NACHT
GEHEN

BUTTERMILCHBROT MIT CRANBERRYS

Für 1 Brot (ca. 20 Scheiben)
Zubereitungszeit: 15 Min.
Gehzeit: ca. 15 Min.
Backzeit: 40 Min.

Pro Scheibe ca. 110 kcal,
3 g E, 3 g F, 18 g KH

40 g Butter
½ Würfel frische Hefe (21 g)
200 g Buttermilch
Salz
30 g Zucker
1 Pck. Vanillezucker
1 Ei (M)
80 g getrocknete Cranberrys
360 g Mehl

Außerdem:
Kastenform (30 cm lang)
Butter und Mehl für die Form
1 Eigelb zum Bestreichen

1 Die Butter in einem kleinen Topf bei mittlerer Hitze zerlassen. Die Hefe in die Buttermilch bröckeln. 1 Prise Salz, Zucker, Vanillezucker, Butter und Ei mit der Hefemischung verrühren.

2 Die Cranberrys fein hacken und mit dem Mehl in einer Schüssel mischen. Die Hefe- zur Mehlmischung geben und alles gut mit den Knethaken des Handrührgeräts oder in der Küchenmaschine zu einem sehr weichen Teig vermengen.

3 Die Kastenform mit Butter fetten und mit etwas Mehl ausstäuben. Den Teig in die Form füllen, leicht glatt streichen, mit Frischhaltefolie abdecken und ruhen lassen, bis der Backofen vorgeheizt ist.

4 Den Backofen auf 160° vorheizen. Das Eigelb zum Bestreichen mit einer Gabel verquirlen und die Teigoberfläche damit bepinseln. Das Brot im Ofen (2. Schiene von unten) zunächst 30 Min. backen. Dann die Ofentemperatur auf 180° erhöhen und das Brot in weiteren 10 Min. goldgelb fertig backen.

5 Die Stäbchenprobe machen (s. S. 78), das Brot bei Bedarf noch 5–10 Min. weiterbacken. Das fertige Brot auf einem Kuchengitter in der Form ca. 15 Min. abkühlen lassen, dann aus der Form lösen und auskühlen lassen.

SCHNELL WAS SÜSSES

PIZZA NACH WUNSCH

EINFACHER KLASSIKER

1

2

3

4

Für 2 große Pizzas (4 Personen)
Zubereitungszeit: 10 Min.
Gehzeit: mind. 8 Std.
Backzeit: 2 × 20 Min.

Pro Portion ca. 645 kcal,
26 g E, 18 g F, 94 g KH

500 g Weizenmehl Type 550
Salz
5 g frische Hefe
2 EL Olivenöl

Außerdem:
Mehl zum Arbeiten
2 Bögen Dauerbackfolie (hitzebeständig bis mind. 250°)
ca. 200 g Pizzasauce (z. B. Fertigprodukt)
ca. 400 g Belag nach Belieben (z. B. Schinken, Salami, Champignonscheiben, Zwiebelringe, Käse)

1 Mehl und 2 TL Salz in einer Schüssel mischen. Die Hefe und das Öl mit 380 ml lauwarmem Wasser verrühren. Die Hefe- zur Mehlmischung geben und alles gut mit den Knethaken des Handrührgeräts oder in der Küchenmaschine vermengen (Bild 1).

2 Den Teig in eine große Schüssel füllen (er geht stark auf!) und mit Frischhaltefolie abdecken. Die Schüssel mindestens 8 Std. in den Kühlschrank stellen, am besten über Nacht.

3 Den Teig aus dem Kühlschrank nehmen. Ein umgedrehtes Backblech in den Backofen (2. Schiene von oben) schieben und den Ofen auf 250° vorheizen (Bild 2).

4 Den Teig in zwei gleich große Stücke teilen. Jedes Stück auf der leicht bemehlten Arbeitsfläche zu einem dünnen Pizzaboden von ca. 30 cm ∅ ausrollen, auf einen Bogen Backfolie legen und mit den Fingern nochmals etwas in Form drücken (Bild 3). Der Teig ist ziemlich weich und etwas klebrig. Die Teigfladen mit Pizzasauce bestreichen und nach Belieben belegen.

5 Die Pizzas nacheinander in je 10–20 Min. knusprig backen. Dazu auf der Backfolie auf das heiße Blech ziehen, dieses dafür am besten kurz aus dem Ofen nehmen (Bild 4). Alternativ mithilfe eines Holzbretts, am besten einem Brotschieber, auf das heiße Blech legen.

KÖRNERBRÖTCHEN

Für 6 Stück
Zubereitungszeit: 10 Min.
Gehzeit: mind. 8 Std.
Backzeit: 25 Min.

Pro Stück ca. 275 kcal,
9 g E, 10 g F, 37 g KH

250 g Weizenmehl Type 550
50 g Vollkorn-Roggenmehl
70 g Kerne und Saaten (z. B. Sonnenblumenkerne, Leinsamen, Sesam)
Salz
1 TL Trockenhefe
1 TL Zucker
120 g Joghurt (3,5 % Fett)
3 TL Olivenöl

Außerdem:
Mehl zum Arbeiten

1 Beide Mehlsorten, Kerne und Saaten sowie 1 ½ TL Salz in einer Schüssel mischen. Hefe, Zucker, Joghurt und Olivenöl mit 110 ml lauwarmem Wasser verrühren. Die Hefe- zur Mehlmischung geben und alles gut mit den Knethaken des Handrührgeräts oder in der Küchenmaschine vermengen.

2 Den Teig in eine große Schüssel füllen (er geht stark auf!) und mit Frischhaltefolie abdecken. Die Schüssel mindestens 8 Std. in den Kühlschrank stellen, am besten über Nacht.

3 Ein Backblech in den Backofen schieben (2. Schiene von unten) und eine ofenfeste Schale mit Wasser auf den Ofenboden stellen. Den Ofen auf 220° vorheizen.

4 Einen Bogen Backpapier bereitlegen. Den Teig auf der bemehlten Arbeitsfläche in sechs gleich große Stücke teilen. Jedes Teigstück flach drücken und anschließend zu einem länglichen Brötchen aufrollen. Die Brötchen auf das Backpapier setzen, mit Wasser bestreichen und an der Oberfläche mit einem scharfen Messer einmal längs ca. ½ cm tief einschneiden.

5 Die Brötchen mit dem Backpapier auf das heiße Blech ziehen, dieses dafür am besten kurz aus dem Ofen nehmen. Brötchen 20 Min. backen, dann die Schüssel mit dem Wasser entfernen und die Brötchen in ca. 5 Min. goldbraun fertig backen. Vom Blech nehmen und auf einem Kuchengitter auskühlen lassen.

KANN ÜBER NACHT GEHEN

FRANZÖSISCHES WEISSBROT

Für 1 Brot (ca. 20 Scheiben)
Zubereitungszeit: 15 Min.
Gehzeit: mind. 8 Std. 30 Min.
Backzeit: 30 Min.

Pro Scheibe ca. 85 kcal,
3 g E, 0 g F, 18 g KH

500 g Weizenmehl Type 550
Salz
½ Pck. Trockenhefe

Außerdem:
Mehl zum Arbeiten

1 Mehl und 2 TL Salz in einer Schüssel mischen. Die Hefe mit 350 ml lauwarmem Wasser verrühren. Die Hefe- zur Mehlmischung geben und alles gut mit einem Kochlöffel oder den Knethaken des Handrührgeräts bzw. in der Küchenmaschine vermengen.

2 Den Teig in eine große Schüssel füllen (er geht stark auf!) und mit Frischhaltefolie abdecken. Die Schüssel mindestens 8 Std. in den Kühlschrank stellen, am besten über Nacht.

3 Einen Bogen Backpapier bereitlegen. Den Teig aus dem Kühlschrank nehmen, auf der leicht bemehlten Arbeitsfläche zu einem ca. 15 × 10 cm großen Rechteck flach drücken und zu einem länglichen Brot aufrollen. Die Brotenden nochmals leicht rollen, sodass sie spitz zulaufen. Das Brot auf das Backpapier legen, mit Wasser bestreichen, mit Frischhaltefolie abdecken und 30 Min. gehen lassen.

4 Inzwischen ein Backblech in den Backofen schieben (2. Schiene von unten) und eine ofenfeste Schale mit Wasser auf den Ofenboden stellen. Den Ofen auf 230° vorheizen.

5 Das Brot nochmals mit Wasser bestreichen und an der Oberfläche mit einem scharfen Messer mehrmals schräg je ca. ½ cm tief einschneiden. Das Brot mit dem Backpapier auf das heiße Blech ziehen, dieses dafür am besten kurz aus dem Ofen nehmen. Brot 20 Min. backen, dann die Schüssel mit dem Wasser entfernen und das Brot in ca. 10 Min. goldgelb fertig backen. Die Klopfprobe machen (s. S. 78), das Brot bei Bedarf noch 5–10 Min. weiterbacken. Vom Blech nehmen und auf einem Kuchengitter auskühlen lassen.

NUR
3 ZUTATEN

WÜRZIGES SAUERTEIG-ROGGENBROT

Für 1 Brot (ca. 18 Scheiben)
Zubereitungszeit: 5 Min.
Gehzeit: mind. 8 Std.
Backzeit: 45 Min.

Pro Scheibe ca. 90 kcal,
3 g E, 0 g F, 18 g KH

300 g Weizenmehl Type 550
130 g Vollkorn-Roggenmehl
½ Pck. Sauerteigextrakt (ca. 8 g; ersatzweise 50 g flüssiger Sauerteig)
Salz
½ TL Trockenhefe
1 TL Apfelessig

Außerdem:
ofenfester Topf mit Deckel (ca. 22 cm ∅; am besten Gusseisen, s. S. 11)
etwas Mehl zum Bestäuben
1–2 EL Haferflocken (nach Belieben zarte oder kernige)

1 Beide Mehlsorten, Sauerteigextrakt und 2 TL Salz in einer Schüssel mischen. Hefe und Essig mit 350 ml lauwarmem Wasser verrühren. Die Hefe- zur Mehlmischung geben und alles mit einem Kochlöffel oder den Knethaken des Handrührgeräts bzw. in der Küchenmaschine gut vermengen.

2 Den Teig in eine große Schüssel füllen (er geht stark auf) und mit Frischhaltefolie abdecken. Die Schüssel mindestens 8 Std. in den Kühlschrank stellen, am besten über Nacht.

3 Den Teig aus dem Kühlschrank nehmen. Den Topf mit aufgelegtem Deckel in den Backofen (2. Schiene von unten) stellen und den Ofen auf 230° vorheizen. Ist der Ofen heiß, den Topf vorsichtig herausnehmen und den Deckel entfernen. Den flüssigen Teig in den Topf füllen und mit etwas Mehl und den Haferflocken bestreuen. Den Deckel sofort wieder aufsetzen und den Topf zurück in den Ofen stellen.

4 Das Brot 30 Min. backen, dann den Deckel entfernen und das Brot in weiteren 15 Min. offen fertig backen. Das Brot vorsichtig aus dem Topf nehmen, diesen dazu am besten umdrehen. Die Klopfprobe machen (s. S. 78), das Brot bei Bedarf noch 5–10 Min. ohne Topf weiterbacken. Das fertige Brot auf einem Kuchengitter auskühlen lassen.

TIPP: In diesen Teig passt zusätzlich auch sehr gut ½ TL fertige Brotgewürzmischung oder einfach ½ TL gemahlener Kümmel oder Koriander bzw. eine Mischung beider Gewürze.

KANN
ÜBER NACHT
GEHEN

TRICK 2

5-MINUTEN-TEIGE

TÜTENTEIG

Wie klebt's nicht?
Kneten Sie die Teig in einem ausreichend großen Gefrierbeutel mit Zipper, z. B. für Quarkbrot, Burger Buns oder Panini-Brötchen (s. S. 48, 121 und 128).

Wie geht's los?
Die Hälfte des Mehls und alle weiteren Zutaten in den Gefrierbeutel geben. Den Beutel verschließen und die Zutaten darin gut durchschütteln.

Wie geht's weiter?
Alle feuchten Zutaten in einer Schüssel gut verrühren. Die feuchte Mischung in den Beutel geben, diesen wieder verschließen und alles kurz durchkneten.

Wie wird's zum Teig?
Restliches Mehl hinzufügen und Beutel wieder verschließen. Dann alles mit den Händen kräftig zu einem glatten Teig verkneten, bis dieser sich vom Beutel löst.

Wie geht der Teig auf?
Falls der Teig noch aufgehen muss, kann er dazu problemlos im Gefrierbeutel bleiben. Den geschlossenen Beutel dafür einfach an einen warmen Ort legen.

Wie wird geformt?
Zum Formen den Teig im Gefrierbeutel nochmals gut durchkneten. Dann aus dem Beutel nehmen und wie im Rezept beschrieben Brötchen oder Brot formen und backen.

QUARKBROT

Für 1 Brot (ca. 24 Scheiben)
Zubereitungszeit: 10 Min.
Backzeit: 50 Min.

Pro Scheibe ca. 95 kcal,
6 g E, 1 g F, 16 g KH

500 g Mehl
2 Pck. Backpulver
Salz
2 TL Zucker
500 g Magerquark
2 Eier (M)

Außerdem:
Kastenform (30 cm lang)
Butter für die Form
Mehl für die Form und zum Arbeiten

1 Eine ofenfeste Schale mit Wasser auf den Backofenboden stellen und den Ofen auf 180° vorheizen.

2 Mehl, Backpulver, 1 ½ TL Salz und Zucker in einer Schüssel mischen. Den Quark mit den Eiern verrühren. Die Quark- zur Mehlmischung geben und alles mit den Knethaken des Handrührgeräts oder in der Küchenmaschine glatt verkneten.

3 Die Kastenform gut mit Butter fetten und mit Mehl ausstäuben. Den Teig auf der bemehlten Arbeitsfläche zu einem ca. 30 cm langen Brotlaib formen. Das Brot in die Form setzen, mit Wasser bestreichen, mit einem scharfen Messer 3-mal quer ca. ½ cm tief einschneiden und mit etwas Mehl bestreuen.

4 Das Quarkbrot im Ofen (2. Schiene von unten) 40 Min. backen. Dann die Schale mit dem Wasser entfernen und das Brot in weiteren 10 Min. goldbraun fertig backen. Die Stäbchenprobe machen (s. S. 78), das Brot bei Bedarf noch 5–10 Min. weiterbacken. Das fertige Brot auf einem Kuchengitter in der Form 10 Min. abkühlen lassen, dann vorsichtig herauslösen und auskühlen lassen.

TIPP: Falls der Quark sehr feucht ist, müssen Sie eventuell noch etwas mehr Mehl unter den Teig kneten. Er sollte zwar sehr weich sein, sich aber dennoch gut zum Brot formen lassen.

GUT ALS TÜTENTEIG

VOLLKORNBROT MIT HAFERFLOCKEN

Für 1 Brot (ca. 18 Scheiben)
Zubereitungszeit: 5 Min.
Backzeit: 50 Min.

Pro Scheibe ca. 90 kcal,
4 g E, 1 g F, 15 g KH

250 g Vollkornmehl (Weizen oder Dinkel)
100 g Vollkorn-Roggenmehl
50 g Haferflocken (nach Belieben zarte oder kernige)
2 TL Backpulver
Salz
nach Belieben Brotgewürzmischung (ersatzweise gemahlener Koriander)
300 g Buttermilch
1 Ei (M)

Außerdem:
Mehl zum Arbeiten
1–2 EL Haferflocken zum Bestreuen

1 Ein Backblech in den Backofen (2. Schiene von unten) schieben und eine ofenfeste Schale mit Wasser auf den Ofenboden stellen. Den Ofen auf 190° vorheizen. Einen Bogen Backpapier bereitlegen.

2 Beide Mehlsorten, Haferflocken, Backpulver, 1 ½ TL Salz und nach Belieben Brotgewürzmischung in einer Schüssel mischen. Die Buttermilch mit dem Ei verquirlen. Die Buttermilch- zur Mehlmischung geben und alles zunächst mit den Knethaken des Handrührgeräts und dann mit bemehlten Händen zu einem ziemlich klebrigen Teig verkneten.

3 Den Teig auf etwas Mehl zu einem runden Brot formen, dieses auf das Backpapier setzen und mit Wasser bestreichen. Das Brot an der Oberfläche mit einem scharfen Messer viermal ca. ½ cm tief über Kreuz einschneiden (Doppelkreuz) und mit Haferflocken bestreuen.

4 Das Brot mit dem Backpapier auf das heiße Blech ziehen, dieses dafür am besten kurz aus dem Ofen nehmen. Das Brot 30 Min. backen, dann die Schale mit dem Wasser entfernen und das Brot in 10–15 Min. knusprig braun fertig backen. Die Klopfprobe machen (s. S. 78), das Brot bei Bedarf noch 5–10 Min. weiterbacken. Vom Blech nehmen und auf einem Kuchengitter auskühlen lassen.

TIPP: Eine Brotgewürzmischung können Sie auch ganz einfach selbst machen, indem Sie Kümmel, Koriander, Fenchel und Anis zu gleichen Teilen vermengen. Am intensivsten ist das Aroma, wenn Sie die Gewürze dafür zuvor frisch mahlen.

ECHTES
BLITZREZEPT

WEISSBROT AUS DEM TOPF

Für 1 Brot (ca. 20 Scheiben)
Zubereitungszeit: 8 Min.
Backzeit: 1 Std.

Pro Scheibe ca. 95 kcal,
3 g E, 0 g F, 20 g KH

550 g Weizenmehl Type 550
Salz
½ Würfel frische Hefe (21 g)
1 EL Honig

Außerdem:
ofenfester Topf mit Deckel (ca. 22 cm ∅; am besten Gusseisen, s. S. 11)
Mehl zum Arbeiten

1 Den Topf mit aufgelegtem Deckel in den Backofen (2. Schiene von unten) stellen und den Ofen auf 230° vorheizen.

2 Mehl und 2 TL Salz in einer Schüssel mischen. Hefe und Honig mit 330 ml lauwarmem Wasser verrühren. Die Hefe- zur Mehlmischung geben und alles ca. 3 Min. erst mit den Knethaken des Handrührgeräts und anschließend mit den Händen glatt verkneten.

3 Die Arbeitsfläche mit etwas Mehl bestäuben und den Teig darauf mit bemehlten Händen zu einem runden Brot formen. Ist der Ofen heiß, den Topf vorsichtig herausholen und den Deckel abnehmen. Das Brot mit der Naht nach oben in den Topf setzen. Den Deckel wieder aufsetzen und den Topf zurück in den Ofen stellen.

4 Das Brot 50 Min. backen, dann den Deckel vom Topf entfernen und das Brot in weiteren 5–10 Min. offen fertig backen. Das Brot vorsichtig aus dem Topf nehmen, diesen dazu am besten umdrehen. Die Klopfprobe machen (s. S. 78), das Brot bei Bedarf noch 5–10 Min. ohne Topf weiterbacken. Das fertige Brot auf einem Kuchengitter vollständig auskühlen lassen.

TIPP: Durch Aufstreuen und Untermischen von Kernen oder Saaten (z. B. Sonnenblumenkerne, Kürbiskerne, Sesam) können Sie das Brot ohne mehr Zeitaufwand lecker variieren.

NUR
4 ZUTATEN

VOLLKORNBRÖTCHEN AUS DER MUFFINFORM

Für 12 Brötchen
Zubereitungszeit: 5 Min.
Backzeit: 30 Min.

Pro Stück ca. 130 kcal,
5 g E, 1 g F, 24 g KH

400 g Vollkorn-Weizenmehl
Salz
2 TL Trockenhefe
1 TL Weißweinessig
1 TL Honig
80 g Haferflocken (nach Belieben zarte oder kernige)

Außerdem:
12er-Muffinform
Butter für die Form

1 Eine ofenfeste Schale mit Wasser auf den Boden des Backofens stellen und den Ofen auf 230° vorheizen.

2 Mehl und 1 ½ TL Salz in einer Schüssel mischen. Hefe, Essig und Honig mit 350 ml lauwarmem Wasser verrühren. Die Hefe- zur Mehlmischung geben und alles mit den Knethaken des Handrührgeräts oder in der Küchenmaschine glatt verkneten.

3 Die Mulden der Muffinform mit Butter fetten und mit der Hälfte der Haferflocken ausstreuen. Den Teig mithilfe von zwei Löffeln in die Mulden verteilen und mit den restlichen Haferflocken bestreuen.

4 Die Brötchen im Ofen (2. Schiene von unten) 20 Min. backen. Dann die Schale mit dem Wasser aus dem Ofen entfernen und die Brötchen in ca. 10 Min. goldbraun fertig backen. Die Brötchen aus der Form lösen und auf einem Kuchengitter auskühlen lassen.

ECHTES BLITZREZEPT

SCHNELLER QUARKZOPF

ECHTES BLITZREZEPT

1

2

3

4

Für 1 Zopf (ca. 14 Scheiben)
Zubereitungszeit: 10 Min.
Backzeit: 25 Min.

Pro Scheibe ca. 175 kcal,
5 g E, 6 g F, 25 g KH

80 g Butter (ersatzweise 70 ml Öl)
350 g Mehl
1 Pck. Backpulver
Salz
150 g Magerquark
50 ml Milch
80 g Zucker
1 Pck. Vanillezucker
2 Eier (M)
1 TL abgeriebene Schale von
1 Bio-Zitrone

Außerdem:
Mehl zum Arbeiten

1 Die Butter in einem Topf bei mittlerer Hitze zerlassen. Den Backofen auf 190° vorheizen. Ein Backblech mit Backpapier auslegen. Mehl, Backpulver und ½ TL Salz in einer Schüssel mischen. Quark, Milch, Zucker, Vanillezucker, 1 Ei und Zitronenschale verrühren. Butter nach und nach unterrühren. Die Quark- zur Mehlmischung geben und alles erst mit den Knethaken des Handrührgeräts und dann mit den Händen glatt verkneten (Bild 1).

2 Den Teig auf der leicht bemehlten Arbeitsfläche in drei Stücke teilen und diese zu 35–40 cm langen Rollen formen (Bild 2). Die Teigrollen nebeneinanderlegen und zu einem Zopf flechten (Bild 3). Die Enden des Zopfs nach unten einschlagen (Bild 4).

3 Den Zopf auf das Blech setzen. Das übrige Ei verquirlen und den Zopf damit bestreichen. Den Zopf im Ofen (2. Schiene von unten) in 20–25 Min. goldbraun backen. Auf einem Kuchengitter lauwarm oder vollständig abkühlen lassen.

TIPP: Für einen Mohnzopf die drei Teigrollen flach ausrollen. Teigstücke mit einer fertigen Mohnbackfüllung (Backzutaten) bestreichen und wieder aufrollen. Wie im Rezept beschrieben einen Zopf flechten und backen.

WOLKENBROTE

Für 8 Stück
Zubereitungszeit: 10 Min.
Backzeit: 2 × 15 Min.

Pro Stück ca. 50 kcal,
3 g E, 4 g F, 1 g KH

3 Eier (M)
¼ TL Backpulver
Salz
75 g Doppelrahmfrischkäse

1 Den Backofen auf 150° vorheizen. Zwei Backbleche mit Backpapier auslegen.

2 Die Eier trennen. Die Eiweiße mit Backpulver und 1 Prise Salz mit den Rührbesen des Handrührgeräts steif schlagen. Die Eigelbe mit dem Frischkäse in einer Schüssel cremig rühren. Den Eischnee portionsweise vorsichtig mit einem Schneebesen von Hand unter die Eigelbmasse heben.

3 Auf jedes Blech vier Teigkleckse setzen, sodass acht Brote entstehen. Dafür pro Brot je 2–3 EL Teig verwenden und viel Abstand zwischen den Klecksen lassen (der Teig geht noch auf).

4 Die Brote blechweise nacheinander im Ofen (2. Schiene von unten) in je ca. 15 Min. goldbraun backen. Die Brote warm genießen oder auf einem Kuchengitter auskühlen lassen.

NUR
4 ZUTATEN

DINKEL-MALZBROT

Für 1 Brot (ca. 24 Scheiben)
Zubereitungszeit: 5 Min.
Backzeit: 1 Std. 20 Min.

Pro Scheibe ca. 105 kcal,
4 g E, 1 g F, 19 g KH

250 g Dinkelmehl Type 630
250 g Vollkorn-Dinkelmehl
100 g Haferflocken (nach Belieben zarte oder kernige)
Salz
½ Würfel frische Hefe (21 g)
250 ml Malzbier

Außerdem:
Kastenform (30 cm lang)
Butter für die Form
ca. 4 EL Haferflocken für die Form

1 Beide Mehlsorten, Haferflocken und 2 TL Salz in einer Schüssel sorgfältig mischen. Die Hefe und das Malzbier mit 250 ml lauwarmem Wasser verrühren. Die Hefe- zur Mehlmischung geben und alles ca. 5 Min. mit den Knethaken des Handrührgeräts oder in der Küchenmaschine verkneten.

2 Die Kastenform gut mit Butter fetten und mit Haferflocken ausstreuen. Den Teig in die Form füllen und glatt streichen. Die Kastenform auf einen Ofenrost in den kalten Backofen (2. Schiene von unten) schieben und eine ofenfeste Schale mit Wasser auf den Ofenboden stellen.

3 Den Ofen auf 190° einschalten und das Brot 1 Std. 10 Min. backen. Die Schale mit dem Wasser aus dem Ofen entfernen. Das Dinkel-Malzbrot aus der Form stürzen und ohne diese in weiteren 10 Min. fertig backen. Die Klopfprobe machen (s. S. 78), das Brot bei Bedarf noch 5–10 Min. weiterbacken. Das fertige Brot auf einem Kuchengitter auskühlen lassen.

MUSS NICHT
GEHEN

BLITZ-BRÖTCHEN

MUSS NICHT GEHEN

Für 8 Stück
Zubereitungszeit: 10 Min.
Backzeit: 30 Min.

Pro Stück ca. 240 kcal,
7 g E, 3 g F, 46 g KH

500 g Mehl
Salz
½ Würfel frische Hefe (21 g)
1 EL Honig
2 EL Öl

Außerdem:
Mehl zum Arbeiten

1 Mehl und 2 TL Salz in einer Schüssel mischen. Hefe, Honig und Öl mit 300 ml lauwarmem Wasser verrühren. Die Hefe- zur Mehlmischung geben und alles erst mit den Knethaken des Handrührgeräts und anschließend mit den Händen glatt verkneten.

2 Ein Backblech mit Backpapier auslegen. Den Teig auf der leicht bemehlten Arbeitsfläche in acht Stücke teilen. Jedes Stück mit leicht bemehlten Händen zu einem runden oder ovalen Brötchen formen, auf das Blech setzen und mit einem scharfen Messer einmal ca. ½ cm tief einschneiden.

3 Das Blech in den kalten Backofen (2. Schiene von unten) schieben und eine ofenfeste Schale mit Wasser auf den Ofenboden stellen. Den Ofen auf 220° einschalten und die Brötchen 20 Min. backen. Dann die Schale mit dem Wasser aus dem Ofen entfernen und die Brötchen in ca. 10 Min. goldbraun zu Ende backen. Vom Blech nehmen und auf einem Kuchengitter auskühlen lassen.

DINKELBRÖTCHEN

MUSS NICHT GEHEN

Für 8 Stück
Zubereitungszeit: 10 Min.
Backzeit: 30 Min.

Pro Stück ca. 360 kcal,
13 g E, 13 g F, 47 g KH

500 g Dinkelmehl Type 630 (ersatzweise Weizenmehl Type 405)
150 g gemischte Kerne und Saaten (z. B. Sonnenblumenkerne, Sesam)
Salz
½ Würfel frische Hefe (21 g)
1 EL Honig
2 EL Öl

Außerdem:
Mehl zum Arbeiten

1 Das Mehl mit 50 g gemischten Kernen und Saaten sowie 2 TL Salz in einer Schüssel mischen. Hefe, Honig und Öl mit 300 ml lauwarmem Wasser verrühren. Die Hefe- zur Mehlmischung geben und alles erst mit den Knethaken des Handrührgeräts und anschließend mit den Händen glatt verkneten.

2 Ein Backblech mit Backpapier auslegen. Den Teig auf der bemehlten Arbeitsfläche in acht Stücke teilen. Jedes Stück mit leicht bemehlten Händen zu einem runden oder ovalen Brötchen formen, in den restlichen Saaten und Kernen (100 g) rollen und auf das Blech setzen. Mit einem scharfen Messer einmal ca. ½ cm tief einschneiden.

3 Das Blech in den kalten Backofen (2. Schiene von unten) schieben und eine ofenfeste Schale mit Wasser auf den Ofenboden stellen. Den Ofen auf 220° einschalten und die Brötchen 20 Min. backen. Dann die Schale mit dem Wasser aus dem Ofen entfernen und die Brötchen in ca. 10 Min. goldbraun zu Ende backen. Vom Blech nehmen und auf einem Kuchengitter auskühlen lassen.

DINKELBROTE AUS DEM TOPF

Für 2 Brote (ca. 20 Scheiben)
Zubereitungszeit: 10 Min.
Backzeit: 50 Min.

Pro Scheibe ca. 100 kcal,
4 g E, 0 g F, 20 g KH

550 g Dinkelmehl Type 630
Salz
½ Würfel frische Hefe (21 g)
1 EL Honig

Außerdem:
ofenfester Topf mit Deckel (ca. 22 cm ∅; am besten Gusseisen, s. S. 11)
Mehl zum Arbeiten

1 Den Topf mit aufgelegtem Deckel in den Backofen (2. Schiene von unten) stellen und den Ofen auf 230° vorheizen.

2 Mehl und 2 TL Salz in einer Schüssel mischen. Hefe und Honig mit 330 ml lauwarmem Wasser verrühren. Die Hefe- zur Mehlmischung geben und alles ca. 3 Min. erst mit den Knethaken des Handrührgeräts und anschließend mit den Händen gut verkneten.

3 Den Teig auf der leicht bemehlten Arbeitsfläche halbieren und zu zwei runden Broten formen. Ist der Ofen heiß, den Topf vorsichtig aus dem Ofen holen und den Deckel abnehmen. Die Brote direkt nebeneinander mit der Naht nach oben in den Topf setzen. Den Deckel wieder aufsetzen und den Topf zurück in den Ofen stellen.

4 Die Brote 40 Min. backen, dann den Deckel vom Topf entfernen und die Brote in weiteren 5–10 Min. offen fertig backen. Die Brote vorsichtig aus dem Topf nehmen, diesen dazu am besten umdrehen. Die Klopfprobe machen (s. S. 78), die Brote bei Bedarf noch 5–10 Min. ohne Topf weiterbacken. Die fertigen Brote auf einem Kuchengitter auskühlen lassen.

NUR
4 ZUTATEN

BUTTRIGES SCHAFSKÄSEBROT

Für 1 Brot (ca. 15 Scheiben)
Zubereitungszeit: 10 Min.
Backzeit: 50 Min.

Pro Scheibe ca. 145 kcal,
4 g E, 8 g F, 15 g KH

100 g Schafskäse (Feta)
300 g Mehl
3 TL Backpulver
Salz
85 g weiche Butter
1 Ei (M)
110 ml Milch
2 TL getrocknete italienische Kräuter

Außerdem:
Kastenform (30 cm lang)
Butter und Mehl für die Form
ca. 1 EL zerlassene Butter zum Bestreichen

1 Den Schafskäse in ca. 1 cm große Würfel schneiden oder mit den Fingern zerbröckeln. Eine ofenfeste Schale mit Wasser auf den Backofenboden stellen und den Ofen auf 200° vorheizen.

2 Mehl, Käsewürfel, Backpulver und 1 TL Salz in einer Schüssel mischen. Die weiche Butter teelöffelweise daraufgeben. Das Ei mit der Milch und den Kräutern verquirlen. Die Milch- zur Mehlmischung geben und alles mit den Knethaken des Handrührgeräts oder in der Küchenmaschine zu einem ziemlich klebrigen Teig verkneten.

3 Die Kastenform mit Butter fetten und mit Mehl ausstäuben. Den Teig in die Form füllen und glatt streichen. Das Brot dünn mit zerlassener Butter bestreichen.

4 Die Form in den Ofen (2. Schiene von unten) stellen und das Brot 40 Min. backen. Dann die Schale mit dem Wasser entfernen und das Brot in 10 Min. goldbraun fertig backen. Die Stäbchenprobe machen (s. S. 78), das Brot bei Bedarf noch 5–10 Min. weiterbacken. Die Form aus dem Ofen nehmen und das Brot darin ca. 10 Min. abkühlen lassen. Dann herauslösen und auf einem Kuchengitter lauwarm oder vollständig abkühlen lassen.

MUSS NICHT GEHEN

MÜSLIBROT

Für 1 Brot (ca. 24 Scheiben)
Zubereitungszeit: 10 Min.
Backzeit: 1 Std. 15 Min.

Pro Scheibe ca. 140 kcal,
5 g E, 3 g F, 23 g KH

200 g Studentenfutter
100 g Vollkorn-Roggenmehl
250 g Weizenmehl Type 550
50 g Haferflocken (nach Belieben zarte oder kernige)
3 TL Backpulver
Salz
140 g Zuckerrübensirup
500 g Buttermilch

Außerdem:
Kastenform (30 cm lang)
Butter für die Form
ca. 4 EL Haferflocken für die Form und zum Bestreuen

1 Eine ofenfeste Schale mit Wasser auf den Boden des Backofens stellen und den Ofen auf 200° vorheizen. Das Studentenfutter mit einem großen Messer oder im Multizerkleinerer grob hacken.

2 Beide Mehlsorten, Studentenfutter, Haferflocken, Backpulver und 2 TL Salz in einer Schüssel mischen. Den Rübensirup gut mit der Buttermilch verrühren. Die Buttermilch- zur Mehlmischung geben und alles mit den Knethaken des Handrührgeräts oder in der Küchenmaschine zu einem sehr klebrigen Teig verkneten.

3 Die Kastenform gut mit Butter fetten und mit ca. 2 EL Haferflocken ausstreuen. Den Teig in die Form füllen und glatt streichen. Dann an der Oberfläche mit einem scharfen Messer einmal längs ca. ½ cm tief einschneiden und mit ca. 2 EL Haferflocken bestreuen.

4 Das Brot im Ofen (2. Schiene von unten) 1 Std. backen. Dann die Schale mit dem Wasser aus dem Ofen entfernen. Das Brot aus der Form stürzen und ohne diese weitere 15 Min. backen. Sollte das Brot zu stark bräunen, eventuell mit Backpapier abdecken. Die Klopfprobe machen (s. S. 78), das Brot bei Bedarf noch 5–10 Minuten weiterbacken. Das fertige Brot auf einem Kuchengitter auskühlen lassen.

TIPP: Wer Studentenfutter wegen der Rosinen nicht mag, kann auch eine Nussmischung verwenden und dieser dann z. B. getrocknete Cranberrys hinzufügen.

SCHNELL WAS SÜSSES

SCHNELLE ZIMTSCHNECKEN

ECHTES BLITZREZEPT

1

2

3

4

Für 12 Stück
Zubereitungszeit: 20 Min.
Backzeit: 25 Min.

Pro Stück ca. 220 kcal,
5 g E, 9 g F, 29 g KH

120 g Butter
300 g Mehl
1 Pck. Backpulver
Salz
150 g Magerquark
50 ml Milch
110 g Zucker
1 Pck. Vanillezucker
1 Ei (M)
2 TL Zimtpulver

Außerdem:
Mehl zum Arbeiten

1 Die Butter in einem kleinen Topf bei mittlerer Hitze zerlassen, dann beiseitestellen. Den Backofen auf 180° vorheizen. Ein Backblech mit Backpapier auslegen.

2 Mehl, Backpulver und ½ TL Salz in einer Schüssel mischen. Quark, Milch, 60 g Zucker, Vanillezucker und Ei verrühren. 80 g zerlassene Butter langsam unterrühren. Die Quark- zur Mehlmischung geben und alles erst mit den Knethaken des Handrührgeräts und anschließend mit den Händen glatt verkneten.

3 Den Teig auf wenig Mehl zu einem Quadrat (30 × 30 cm) ausrollen. Restliche Butter (40 g) gleichmäßig auf die Teigplatte streichen. Übrigen Zucker (50 g) und Zimt mischen, die Mischung auf die Teigplatte streuen (Bild 1). Die Teigplatte aufrollen (Bild 2). Die Rolle mit der Naht nach unten auf die Arbeitsfläche legen und mit einem scharfen Messer in zwölf gleich dicke Scheiben schneiden (Bild 3), diese dicht nebeneinander auf das Blech legen (Bild 4). Durch das nahe zusammenliegen backen die Schnecken zusammen und trocknen nicht so schnell aus.

4 Die Zimtschnecken im Ofen (2. Schiene von unten) in 20–25 Min. goldbraun backen. Vom Blech nehmen und auf einem Kuchengitter lauwarm oder vollständig abkühlen lassen.

RUCK-ZUCK-QUARKBRÖTCHEN

Für 16 Stück
Zubereitungszeit: 8 Min.
Backzeit: 15 Min.

Pro Stück ca. 90 kcal,
4 g E, 2 g F, 15 g KH

250 g Mehl
1 TL Backpulver
Salz
250 g Magerquark
50 g Zucker
1 Ei (M)
20 g Butter
1 TL abgeriebene Schale von 1 Bio-Orange

Außerdem:
Mehl zum Arbeiten

1 Die Butter in einem kleinen Topf bei mittlerer Hitze zerlassen und zunächst beiseitestellen. Den Backofen auf 200° vorheizen. Ein Backblech mit Backpapier auslegen.

2 Mehl, Backpulver und ½ TL Salz in einer Schüssel mischen. Quark, Zucker und Ei verrühren. Die Quark- zur Mehlmischung geben und alles erst mit den Knethaken des Handrührgeräts und dann mit den Händen glatt verkneten.

3 Die Butter mit der Orangenschale verrühren. Den Teig auf der leicht bemehlten Arbeitsfläche zu einem Quadrat (25 × 25 cm) ausrollen. Das Teigquadrat auf das Blech legen und mit der Butter bestreichen. Mit einem scharfen Messer in 16 gleich große Stücke schneiden, diese jedoch nicht auseinanderziehen.

4 Die Brötchen im Ofen (2. Schiene von unten) in ca. 15 Min. goldbraun backen. Vom Blech nehmen und auf einem Kuchengitter lauwarm oder vollständig abkühlen lassen.

TIPP: Probieren Sie statt der Orangenschale andere Gewürze oder Zitrusschalen aus. Auch die Kombination von Orange und Mohn passt super – dafür einfach 1 EL fertige Mohnmasse (Backzutatenregal) mit unter den Teig kneten.

ECHTES BLITZREZEPT

KASTENVOLLKORNBROT MIT SAATEN

Für 1 Brot (ca. 24 Scheiben)
Zubereitungszeit: 5 Min.
Backzeit: 1 Std. 10 Min.

Pro Scheibe ca. 110 kcal,
5 g E, 4 g F, 13 g KH

500 g Vollkorn-Weizenmehl
150 g gemischte Kerne und Saaten (z. B. Sonnenblumenkerne, Kürbiskerne, Leinsamen)
Salz
1 Würfel frische Hefe (42 g)
2 EL Apfelessig (ersatzweise Weißweinessig)

Außerdem:
Kastenform (30 cm lang)
Butter für die Form
ca. 4 EL Kerne und Saaten für die Form

1 Mehl, Kerne und Saaten sowie 2 TL Salz in einer Schüssel mischen. Hefe und Essig mit 500 ml lauwarmem Wasser verrühren. Die Hefe- zur Mehlmischung geben und alles mit den Knethaken des Handrührgeräts oder in der Küchenmaschine zu einem flüssigen, klebrigen Teig verkneten.

2 Die Kastenform gut mit Butter fetten und mit Kernen und Saaten ausstreuen. Den Teig in die Form füllen und glatt streichen.

3 Die Form in den kalten Backofen (2. Schiene von unten) schieben und eine ofenfeste Schale mit Wasser auf den Ofenboden stellen. Den Ofen auf 200° einschalten und das Brot 1 Std. backen.

4 Die Schale mit dem Wasser aus dem Ofen entfernen. Das Brot aus der Form stürzen und ohne diese weitere 10 Min. backen. Die Klopfprobe machen (s. S. 78), das Brot bei Bedarf noch 5–10 Min. weiterbacken. Das Brot auf einem Kuchengitter auskühlen lassen.

TIPP: Das Kastenvollkornbrot lässt sich wunderbar mit Brotgewürzen wie Anis, Fenchel, Kümmel oder Koriander bzw. einer fertigen Brotgewürzmischung verfeinern und schmeckt so gleich ganz anders. Kneten Sie je nach Geschmack 1–2 TL davon unter.

MUSS NICHT GEHEN

TRICK 3

ALLES KANN REIN

Kein warmer Ort? Im Backofen einfach nur die Beleuchtung einschalten. Die abgedeckte Teigschüssel in den Ofen stellen, dort ist es dann schön mollig.

Wie dunkel darf's werden? Trauen Sie sich ruhig, Ihre Brot dunkler zu backen – so bekommen sie nicht nur eine knusprige Kruste, sondern es bilden sich auch Röstaromen.

Wie geht die Klopfprobe? Um festzustellen, ob das Brot fertig gebacken ist, drehen Sie es um und klopfen mit einem Fingerknöchel auf die Unterseite – klingt es hohl, ist es durch. Andernfalls noch kurz weiterbacken!

Wie geht die Stäbchenprobe? Bei süßen Teigen oder Kastenbroten stechen Sie nach der Backzeit mit einem Holzstäbchen in die Mitte des Brotes und ziehen es heraus. Klebt kein Teig am Stäbchen, ist das Brot fertig.

Wo auskühlen? Brot muss luftig auf einem Kuchengitter oder Ofenrost auskühlen, damit es nicht feucht wird. Damit es nicht trocken wird, ganz auskühlen lassen!

Baguette ist trocken geworden? Das Baguette einfach kurz unter Wasser halten und anschließend im auf 180° vorgeheizten Backofen ca. 5 Min. aufbacken.

Zu viel für 1 Person? Schneiden Sie das Brot in Scheiben und frieren Sie es ein. Bei Bedarf können Sie die Brotscheiben dann portionsweise entnehmen und z. B. im Toaster mit der Auftaustufe auftauen lassen.

Nicht jede Woche backen? Verdoppeln Sie den Teig und backen Sie gleich zwei Brote auf einmal. Gut verpackt in einen Gefrierbeutel können Sie dann eines der Brote einfach ganz oder in Scheiben geschnitten einfrieren.

SCHWARZBROT

Für 1 Brot (ca. 25 Scheiben)
Zubereitungszeit: 10 Min.
Gehzeit: 2 Std.
Backzeit: 2 Std. 45 Min.

Pro Scheibe ca. 150 kcal,
6 g E, 7 g F, 15 g KH

125 g helles Mehl (z. B. Weizenmehl Type 405 oder 550, Dinkelmehl Type 630)
125 g Vollkornmehl (z. B. Roggen, Dinkel, Weizen)
350 g Kerne und Saaten (z. B. Kürbiskerne, Sonnenblumenkerne, Leinsamen, Sesam)
100 g Haferflocken (nach Belieben zarte oder kernige)
Salz
550 g Buttermilch (ersatzweise Milch oder Pflanzendrink plus 1 TL Essig)
2 TL Trockenhefe
125 g Zuckerrübensirup (ersatzweise Apfelkraut, Honig oder Ahornsirup)

Außerdem:
Kastenform (30 cm lang)
Butter und Mehl für die Form

1 Beide Mehlsorten, Kerne und Saaten, Haferflocken und 2 TL Salz in einer Schüssel mischen. Die Buttermilch in einem Topf lauwarm erhitzen und mit der Hefe und dem Rübensirup verrühren.

2 Hefe- zur Mehlmischung geben und alles mit einem Kochlöffel oder den Knethaken des Handrührgeräts bzw. in der Küchenmaschine gut zu einem sehr klebrigen Teig verrühren. Den Teig mit Frischhaltefolie abdecken und an einem warmen Ort 2 Std. gehen lassen.

3 Eine ofenfeste Schale mit Wasser auf den Boden des Backofens stellen und den Ofen auf 150° vorheizen. Die Kastenform mit Butter fetten und dünn mit Mehl ausstäuben.

4 Den Teig in die Form füllen und glatt streichen. Das Brot im Ofen (2. Schiene von unten) 2 Std. backen, dabei bei Bedarf Wasser in der Schale auf dem Ofenboden nachfüllen.

5 Das Brot aus der Form lösen und ohne diese 45 Min. weiterbacken. Dann die Schale mit dem Wasser aus dem Ofen entfernen. Die Klopfprobe machen (s. S. 78), das Brot bei Bedarf noch ca. 15 Min. weiterbacken. Das Brot auf einem Kuchengitter auskühlen lassen.

EINFACHER
KLASSIKER

WEISSBRÖTCHEN MIT QUARK

Für 12 Stück
Zubereitungszeit: 5 Min.
Gehzeit: mind. 8 Std.
Backzeit: 2 × 25 Min.

Pro Stück ca. 205 kcal,
8 g E, 3 g F, 36 g KH

600 g helles Mehl (z. B. Weizenmehl Type 405 oder 550, Dinkelmehl Type 630)
Salz
1 ½ TL Trockenhefe
250 g Quark (10 % Fett i.Tr., auch laktosefreier; ersatzweise vegane Quarkalternative, griechischer Joghurt oder saure Sahne)
3 EL Öl (z. B. Olivenöl, Rapsöl)

Außerdem:
Mehl zum Arbeiten

1 Mehl und 2 TL Salz in einer Schüssel mischen. Hefe, Quark und Öl mit 250 ml lauwarmem Wasser verrühren. Die Hefe- zur Mehlmischung geben und alles mit einem Kochlöffel oder den Knethaken des Handrührgeräts bzw. in der Küchenmaschine gut verrühren.

2 Den Teig in eine große Schüssel füllen (er geht stark auf!) und diese mit Frischhaltefolie abdecken. Die Schüssel mindestens 8 Std. in den Kühlschrank stellen, am besten über Nacht.

3 Den Teig aus dem Kühlschrank nehmen. Ein Backblech in den Backofen (2. Schiene von unten) schieben und eine ofenfeste Schale mit Wasser auf den Ofenboden stellen. Den Ofen auf 230° vorheizen. Zwei Bögen Backpapier bereitlegen.

4 Die Arbeitsfläche mit Mehl bestäuben, den Teig daraufgeben und in zwölf gleich große Stücke teilen. Jedes Teigstück mit leicht bemehlten Händen zu einem runden oder länglichen Brötchen formen. Je sechs Brötchen mit der Naht nach unten auf einen Bogen Backpapier setzen. Die Brötchen mit Wasser bestreichen und an der Oberfläche mit einem scharfen Messer einmal längs ca. ½ cm tief einschneiden.

5 Einen Backpapierbogen mit Brötchen auf das heiße Blech ziehen, dieses dafür am besten kurz aus dem Ofen nehmen. Die Brötchen in ca. 25 Min. goldbraun backen, dann mit dem Backpapier auf ein Kuchengitter ziehen und auskühlen lassen. Die übrigen Brötchen auf die gleiche Weise backen.

KANN ÜBER NACHT GEHEN

FLUFFIGE MILCHBRÖTCHEN

SCHNELL GEFORMT

1

2

3

4

Für 12 Stück
Zubereitungszeit: 15 Min.
Geh- und Ruhezeit: 55 Min.
Backzeit: 25 Min.

Pro Stück ca. 140 kcal,
5 g E, 2 g F, 25 g KH

170 ml Milch (oder Pflanzendrink)
370 g helles Mehl (z. B. Weizenmehl Type 405 oder 550, Dinkelmehl Type 630)
Salz
etwas Gewürz (z. B. Vanillezucker, Zitrusschale, Cayennepfeffer, Koriander, Zimt)
ca. 2 EL weitere Geschmacksgeber (z. B. Parmesan, Saaten)
½ Würfel frische Hefe (21 g)
30 g Zucker
2 Eier (M)

Außerdem:
Mehl zum Arbeiten

1 Die Milch in einem Topf lauwarm erhitzen. Mehl und 1 TL Salz in einer Schüssel mischen. Nach Belieben Gewürze (von milden Gewürzen wie Vanillezucker ca. 2 TL, von sehr intensiven Gewürzen wie Zitronenschale ca. 1 TL) und weitere geschmacksgebende Zutaten hinzufügen, um entweder einen süßen oder herzhaften Teig zu erhalten (Bilder 1 und 2).

2 Hefe und Zucker mit der lauwarmen Milch verrühren, 1 Ei unterschlagen. Die Hefe- zur Mehlmischung geben und alles erst mit den Knethaken des Handrührgeräts und anschließend mit den Händen glatt verkneten. Den Teig mit Frischhaltefolie abdecken und 40 Min. an einem warmen Ort gehen lassen.

3 Ein Backblech mit Backpapier auslegen. Den Teig auf der bemehlten Arbeitsfläche in sechs gleich große Stücke teilen. Jedes Teigstück mit leicht bemehlten Händen zu einem länglichen Brötchen rollen und mit wenig Abstand zueinander auf das Blech setzen (Bild 3). Den Teig abdecken und ca. 15 Min. ruhen lassen. Inzwischen den Backofen auf 160 °C vorheizen.

4 Das übrige Ei verquirlen und die Brötchen damit bestreichen (Bild 4). Die Brötchen im Ofen (2. Schiene von unten) in 20–25 Min. hellbraun backen. Vom Blech nehmen und auf einem Kuchengitter lauwarm oder vollständig abkühlen lassen.

EINFACHES VOLLKORNBROT

Für 1 Brot (ca. 22 Scheiben)
Zubereitungszeit: 5 Min.
Backzeit: 1 Std. 15 Min.

Pro Scheibe ca. 110 kcal,
4 g E, 3 g F, 16 g KH

250 g helles Mehl (z. B. Weizenmehl Type 405 oder 550, Dinkelmehl Type 630)
250 g Vollkornmehl (z. B. Roggen, Dinkel, Weizen)
120 g Kerne und Saaten (z. B. Kürbiskerne, Sonnenblumenkerne, Leinsamen, Sesam)
Salz
ca. 2 TL Brotgewürzmischung (nach Belieben; oder gemahlener Koriander oder Kümmel)
½ Würfel frische Hefe (21 g; ersatzweise 1 Pck. Trockenhefe)
2 TL heller Essig (z. B. Apfel- oder Weißweinessig)
1 EL Zucker (ersatzweise Honig)

Außerdem:
Kastenform (30 cm lang)
Butter und Mehl für die Form

1 Beide Mehlsorten, 100 g Kerne und Saaten, 2 TL Salz und nach Belieben das Brotgewürz in einer Schüssel mischen. Hefe, Essig und Zucker mit 500 ml lauwarmem Wasser verrühren. Die Hefe- zur Mehlmischung geben und alles mit einem Kochlöffel oder den Knethaken des Handrührgeräts bzw. in der Küchenmaschine zu einem flüssigen, klebrigen Teig verrühren.

2 Die Kastenform gut mit Butter fetten und mit Mehl ausstäuben. Den Teig in die Form füllen, glatt streichen und mit den restlichen Kernen (20 g) bestreuen. Die Kastenform in den kalten Backofen (2. Schiene von unten) schieben und eine ofenfeste Schale mit Wasser auf den Ofenboden stellen. Den Ofen auf 190° einschalten und das Brot 1 Std. backen.

3 Die Schale mit dem Wasser entfernen. Das Brot aus der Form stürzen und ohne diese in 10–15 Min. fertig backen. Die Klopfprobe machen (s. S. 78), das Brot bei Bedarf 5–10 Min. weiterbacken. Das fertige Brot auf einem Kuchengitter auskühlen lassen.

TIPP: Essig im Brot? Wenn mit Roggenmehl gebacken wird, braucht man Säure zum Stärken des Teigs. Klassisch wird dafür Sauerteig genommen, doch auch mit Essig funktioniert es. Bei Weizen oder Dinkel ist die Säure nicht nötig – wer das Brot damit backt, kann also den Essig auch weglassen.

MUSS NICHT GEHEN

SANDWICHBROT AUS DEM TOPF

Für 1 Brot (ca. 22 Scheiben)
Zubereitungszeit: 5 Min.
Backzeit: 55 Min.

Pro Scheibe ca. 120 kcal,
4 g E, 3 g F, 21 g KH

600 g helles Mehl (z. B. Weizenmehl Type 405 oder 550, Dinkelmehl Type 630; kein glutenfreies Mehl)
Salz
1 Würfel frische Hefe (42 g; oder 1 Pck. Trockenhefe)
1 TL Zucker
50 g Olivenöl (oder anderes Öl, z. B. Sonnenblumenöl, Rapsöl)

Außerdem:
ofenfester Topf mit Deckel (ca. 24 cm ∅, am besten Gusseisen, s. S. 11)
Olivenöl für den Topf
3 EL Haferflocken zum Ausstreuen der Form (nach Belieben zarte oder kernige; ersatzweise Kerne und Saaten, z. B. Sonnenblumenkerne, Sesam, Mohn)

1 Den Backofen auf 230° vorheizen. Das Mehl und 2 TL Salz in einer Schüssel mischen. Die Hefe mit Zucker, Olivenöl und 400 ml lauwarmem Wasser verrühren. Die Hefe- zur Mehlmischung geben und alles ca. 5 Min. mit den Knethaken des Handrührgeräts oder in der Küchenmaschine gut verkneten.

2 Den Topf mit Olivenöl fetten und am Boden und unteren Teil des Rands mit den Haferflocken ausstreuen. Den Teig in den Topf füllen und den Deckel auflegen. Den Topf in den Ofen (2. Schiene von unten) stellen und das Brot 40 Min. backen. Den Deckel vom Topf entfernen und das Brot in weiteren 15 Min. offen fertig backen.

3 Das Brot aus dem Topf nehmen, dazu den Topf am besten umdrehen. Die Klopfprobe machen (s. S. 78), das Brot bei Bedarf noch 5–10 Min. weiterbacken. Das fertige Brot auf einem Kuchengitter auskühlen lassen.

TIPP: Damit dieses Brot im Topf gut aufgeht und schön fluffig wird, braucht es das Klebereiweiß Gluten aus dem Mehl. Glutenfreie Mehlmischungen eignen sich hier deshalb ebenso wenig wie das von Natur aus glutenarme Roggenmehl.

MUSS NICHT GEHEN

SÜSSE HÖRNCHEN

SCHNELL
WAS SÜSSES

1

2

3

4

Für 12 Stück
Zubereitungszeit: 20 Min.
Backzeit: 15 Min.

Pro Stück ca. 305 kcal,
7 g E, 14 g F, 36 g KH

140 g Butter
500 g helles Mehl (z. B. Weizenmehl Type 405, Dinkelmehl Type 630; kein glutenfreies Mehl)
1 Pck. Backpulver
1 Pck. Vanillezucker
Salz
250 ml Milch (oder Pflanzendrink)
2 Eier (M)
100 g süßer Brotaufstrich (z. B. Schokocreme, Nuss-Nugat-Creme, Konfitüre, Mandelmus; oder Marzipanrohmasse, Mohnbackmasse)

Außerdem:
Mehl zum Arbeiten

1 Die Butter in einem Topf bei mittlerer Hitze zerlassen. Backofen auf 200° vorheizen. Ein Backblech mit Backpapier auslegen.

2 Mehl, Backpulver, Vanillezucker und ½ TL Salz in einer Schüssel mischen. Die Milch mit 1 Ei verquirlen, die Butter nach und nach unterrühren. Die Milch- zur Mehlmischung geben und alles erst mit den Knethaken des Handrührgeräts und anschließend mit den Händen glatt verkneten.

3 Den Teig auf der leicht bemehlten Arbeitsfläche zu einem Kreis (ca. 40 cm ∅) ausrollen (Bild 1). Den Teigkreis wie eine Torte in zwölf gleich große Stücke schneiden (Bild 2).

4 Die Teigstücke mit süßer Füllung bestreichen. Dann jeweils von der breiten Seite her eng aufrollen (Bild 3) und zu einem Hörnchen formen. Die Hörnchen auf das Blech legen (Bild 4).

5 Das übrige Ei verquirlen und die Hörnchen damit bestreichen. Die Hörnchen im Ofen (2. Schiene von unten) in ca. 15 Min. goldbraun backen. Vom Blech nehmen und auf einem Kuchengitter lauwarm oder vollständig abkühlen lassen.

KNÄCKEBROT

Für 15 Stück
Zubereitungszeit: 15 Min.
Quellzeit: 1 Std.
Backzeit: 55 Min.

Pro Stück ca. 175 kcal,
6 g E, 12 g F, 12 g KH

125 g Vollkornmehl (z. B. Roggen, Weizen oder Dinkel)
125 g kernige Haferflocken
Salz
ca. 2 TL Gewürze (z. B. gemahlener Koriander, Currypulver, gemischte italienische Kräuter)
4 EL Öl
250 g gemischte Kerne und Saaten (z. B. Sesam, Sonnenblumenkerne, Leinsamen, Mohn)

Außerdem:
Öl für das Blech

1 Mehl, Haferflocken, 2 TL Salz, Gewürze und Öl mit 360 ml Wasser in einer Schüssel mit einem Kochlöffel zu einem sehr flüssigen Teig verarbeiten. Die Schüssel mit Frischhaltefolie abdecken und 1 Std. in den Kühlschrank stellen. Anschließend die Kerne und Saaten unter den Teig rühren.

2 Den Backofen auf 200° vorheizen. Ein Backblech einölen, einen Bogen Backpapier sehr glatt darauflegen und ebenfalls einölen. Das Glattstreichen ist sehr wichtig, damit keine Backpapierfalte im Knäckebrot einbäckt.

3 Den Teig auf dem Backpapier verteilen und anschließend mit einem Esslöffel oder einer Winkelpalette gleichmäßig dünn bis zum Blechrand verstreichen.

4 Die Teigplatte im Ofen (2. Schiene von unten) 15 Min. vorbacken. Das Blech aus dem Ofen nehmen und die Ofentemperatur auf 175° reduzieren. Die vorgebackene Teigplatte mit einem scharfen Messer oder einem Teigrädchen in 15 gleich große Rechtecke vorschneiden. Dann das Blech wieder in den Ofen schieben und das Brot in 30–40 Min. knusprig fertig backen.

5 Die fertigen Knäckebrote mit dem Backpapier auf ein Kuchengitter ziehen und auskühlen lassen. Dann die Platte umdrehen und das Backpapier vorsichtig abziehen. Die Brote an den vorgeschnittenen Sollbruchstellen auseinanderbrechen. Das Knäckebrot in einem luftdicht verschlossenen Vorratsbehälter aufbewahren, dort ist es mindestens 2 Wochen haltbar und bleibt knusprig.

EINFACHER KLASSIKER

KÜRBISBRÖTCHEN

Für 8 Stück
Zubereitungszeit: 30 Min.
Backzeit: 40 Min.

Pro Stück ca. 160 kcal,
5 g E, 6 g F, 22 g KH

180 g Kürbisfleisch (ersatzweise Möhren, Kartoffeln)
200 g Vollkornmehl (z. B. Roggen, Dinkel oder Weizen)
50 g helles Mehl (z. B. Weizenmehl Type 405 oder 550, Dinkelmehl Type 630)
50 g Kürbiskerne (ersatzweise Sonnenblumenkerne, Leinsamen)
Salz
4 TL Backpulver
2 EL Öl (z. B. Olivenöl, Rapsöl, Kürbiskernöl)
2 TL heller Essig (z. B. Apfel- oder Weißweinessig)

Außerdem:
Mehl zum Arbeiten

1 Das Kürbisfruchtfleisch in ca. 1 cm große Würfel schneiden und diese in etwas Salzwasser in 10–12 Min. weich kochen, dann das Wasser abgießen. Die Kürbisstücke sofort mit einem Kartoffelstampfer oder einer Gabel fein und glatt zerdrücken und auf einem Teller abkühlen lassen.

2 Ein Backblech in den Backofen (2. Schiene von unten) schieben und eine ofenfeste Schale mit Wasser auf den Ofenboden stellen. Den Ofen auf 230° vorheizen.

3 Beide Mehlsorten, Kürbiskerne, 1 ½ TL Salz und Backpulver in einer Schüssel mischen. Kürbismus, Öl, Essig und 80 ml Wasser dazugeben und alles mit den Knethaken des Handrührgeräts oder in der Küchenmaschine zu einem ziemlich klebrigen Teig verrühren, bei Bedarf noch 1–2 EL Wasser zusätzlich hinzufügen.

4 Einen Bogen Backpapier bereitlegen. Den Teig auf der stark bemehlten Arbeitsfläche in acht Stücke teilen. Jedes Teigstück mit leicht bemehlten Händen zu einem runden Brötchen rollen, diese auf das Backpapier setzen und leicht flach drücken.

5 Die Brötchen mit dem Backpapier auf das heiße Blech ziehen, dieses dafür am besten kurz aus dem Ofen nehmen. Die Brötchen 30 Min. backen, dann die Schale mit dem Wasser aus dem Ofen entfernen und die Brötchen in ca. 10 Min. goldbraun fertig backen. Vom Blech nehmen und auf einem Kuchengitter auskühlen lassen.

MUSS NICHT GEHEN

SCHNELLER FLAMMKUCHEN

Für 2 Stück (4 Personen)
Zubereitungszeit: 10 Min.
Ruhezeit: 10 Min.
Backzeit: 2 × 20 Min.

Pro Portion ca. 770 kcal,
21 g E, 36 g F, 93 g KH

500 g Mehl (z. B. Weizenmehl Type 405 oder 550, Dinkelmehl Type 630, Vollkornmehl)
Salz
4 EL Öl (z. B. Olivenöl, Rapsöl)

Für den Belag:
200 g saure Sahne
100 g Crème fraîche
Salz
Pfeffer
ca. 250 g Belag nach Geschmack (z. B. Zwiebelwürfel, Schinkenspeckwürfel)

Außerdem:
Mehl zum Arbeiten

1 Mehl und 1 TL Salz in einer Schüssel mischen. Nach und nach das Öl und Wasser hinzufügen (bei hellem Mehl 250 ml Wasser, bei Vollkornmehl 300–320 ml Wasser) und alles erst mit den Knethaken des Handrührgeräts und anschließend mit den Händen zu einem glatten Teig verkneten. Den Teig mit Frischhaltefolie abdecken und 10 Min. ruhen lassen. Inzwischen ein Backblech in den Backofen schieben (Mitte) und den Ofen auf 230° vorheizen.

2 Zwei Bögen Backpapier bereitlegen. Den Teig halbieren. Jedes Teigstück auf der leicht bemehlten Arbeitsfläche Mehl zu einem großen, sehr dünnen Fladen ausrollen, auf einen Backpapierbogen legen und eventuell nochmals etwas ausrollen.

3 Für den Guss saure Sahne, Crème fraîche, Salz und Pfeffer verquirlen. Den Teigfladen mit der Masse bestreichen und nach Geschmack belegen. Einen Flammkuchen mit dem Backpapier auf das heiße Blech ziehen, dieses dafür am besten kurz aus dem Ofen nehmen. Flammkuchen in ca. 20 Min. goldbraun backen. Vom Blech nehmen und den zweiten Flammkuchen ebenso backen. Die Flammkuchen jeweils direkt nach dem Backen heiß genießen.

TIPP: Als Belag passen auch dünne Kürbisscheiben mit Gorgonzola und roter Zwiebel oder Feta mit Birne, Honig und Rosmarin. Asiatisch angehaucht schmeckt der Flammkuchen mit Lachs und Sweet-Chili-Sauce.

EINFACHER KLASSIKER

KLEINE VOLLKORNBAGUETTES

EINFACHER KLASSIKER

1

2

3

4

Für 3 Stück
Zubereitungszeit: 30 Min.
Gehzeit: 1 Std.
Backzeit: 35 Min.

Pro Stück ca. 575 kcal,
20 g E, 12 g F, 98 g KH

100 g Möhren (oder Zucchini, Süßkartoffel, Kürbis)
250 g helles Mehl (z. B. Weizenmehl Type 405 oder 550, Dinkelmehl Type 630)
150 g Vollkornmehl (z. B. Roggen, Dinkel oder Weizen)
60 g Kerne und Saaten (z. B. Kürbiskerne, Sonnenblumenkerne, Leinsamen)
Salz
1 ½ TL Trockenhefe
2 TL heller Essig (z. B. Apfelessig)
1 EL Honig (ersatzweise Zucker)

Außerdem:
Mehl zum Arbeiten

1 Möhren putzen, schälen und grob raspeln (Bild 1). Beide Mehlsorten, Möhrenraspel, Kerne und Saaten sowie 1 ½ TL Salz in einer Schüssel mischen. Hefe, Essig und Honig mit 200 ml lauwarmem Wasser verrühren. Die Hefe- zur Mehlmischung geben und alles mit den Knethaken des Handrührgeräts oder in der Küchenmaschine gut zu einem leicht klebrigen Teig verkneten. Den Teig mit Frischhaltefolie abdecken und an einem warmen Ort 1 Std. gehen lassen (Bild 2).

2 Ein Backblech in den Backofen (2. Schiene von unten) schieben und eine ofenfeste Schale mit Wasser auf den Ofenboden stellen. Den Ofen auf 230° vorheizen.

3 Einen Bogen Backpapier bereitlegen. Den Teig auf der stark bemehlten Arbeitsfläche in drei Stücke teilen. Jedes Teigstück mit leicht bemehlten Händen zu einem ca. 15 cm langen Strang rollen und diesen mehrmals verdrehen (Bild 3). Die Teigstränge auf das Backpapier legen, mit Wasser bestreichen und mit etwas Mehl bestreuen (Bild 4).

4 Die Brote mit dem Backpapier auf das heiße Blech ziehen, dieses dafür am besten kurz aus dem Ofen nehmen. Baguettes 20 Min. backen, dann die Schale mit dem Wasser aus dem Ofen entfernen und die Brote in ca. 15 Min. goldbraun fertig backen. Vom Blech nehmen und auf einem Kuchengitter auskühlen lassen.

CRACKER

Für ca. 30 Stück
Zubereitungszeit: 15 Min.
Quellzeit: 30 Min.
Backzeit: 20 Min.

Pro Stück ca. 45 kcal,
1 g E, 2 g F, 7 g KH

300 g Vollkornmehl (z. B. Roggen, Weizen, Dinkel; oder glutenfreies Mehl)
40 g Kerne und Saaten (z. B. Sonnenblumenkerne, Leinsamen, Sesam)
Salz
1 ½ TL gemahlene Gewürze (z. B. Koriander, Currypulver; oder getrocknete italienische Kräutermischung)
2 EL Öl (z. B. Sonnenblumenöl)

1 Die Kerne und Saaten in einem Multizerkleinerer fein mahlen. Mehl, Kerne und Saaten, 2 TL Salz, Gewürze und Öl in einer Schüssel mischen. Ca. 200 ml Wasser dazugeben und alles mit den Knethaken des Handrührgeräts oder in der Küchenmaschine zu einem glatten Teig verkneten. Der Teig sollte nicht zu klebrig sein, bei Bedarf noch 1–2 EL Mehl unterkneten. Die Schüssel mit Frischhaltefolie abdecken und den Teig 30 Min. quellen lassen.

2 Den Backofen auf 200° vorheizen. Den Teig zwischen zwei Bögen Backpapier zu einem ca. 3 mm dünnen Quadrat ausrollen. Das obere Backpapier abziehen und die Teigplatte in ca. 30 Quadrate (4 × 4 cm) schneiden, dabei die Teigquadrate nicht auseinanderziehen.

3 Die Teigplatte mit dem Backpapier auf ein Backblech ziehen und im Ofen (2. Schiene von unten) ca. 20 Min. backen. Die Crackerplatte mit dem Backpapier auf ein Kuchengitter ziehen und auskühlen lassen. Dann an den Schnittstellen in einzelne Cracker brechen. Die Cracker schmecken gut zu Kräuterquark.

TIPP: Packen Sie die Cracker in einen luftdicht schließenden Vorratsbehälter. An einem kühlen, dunklen Platz aufbewahrt, bleiben sie so mindestens 2 Wochen knusprig und aromatisch.

EINFACHER KLASSIKER

TRICK 4

RAFFINIERT, ABER TOTAL EASY

FORMEN & EINSCHNEIDEN

Wie wird's rund?
Außenseiten des Teigs zur Mitte schlagen und festdrücken. Umdrehen und auf die Naht setzen. Brötchen können Sie auch mit hohlen Händen (Handflächen wie Schälchen wölben) formen.

Wie wird's länglich?
Den Teig auf der Arbeitsfläche zu einem Rechteck flach drücken und dieses von einer Längsseite beginnend mit Druck aufrollen. Dann Brot oder Brötchen mit wenig Druck länglich rollen.

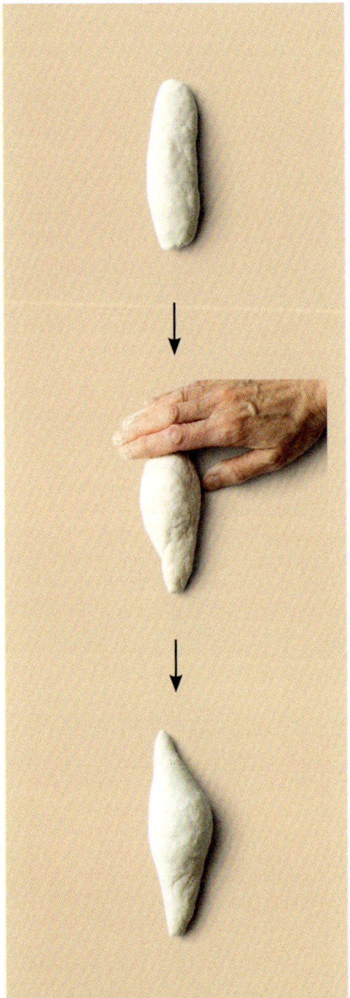

Wie wird's spitz?
Für knusprige Spitzen, wie beim Französischen Weißbrot (s. S. 40) oder den Joghurtbrötchen (s. S. 106) die beiden Brot- oder Brötchenenden dünn rollen, sodass sie spitz zulaufen.

Effektvolle Oberfläche? Teig mit Wasser bestreichen. Dann das Brot oder die Brötchen umdrehen und mit der Oberfläche in Mehl oder Saaten drücken bzw. rollen.

Warum einschneiden? Teig mit einem Messer ca. ½ cm tief einschneiden (beliebige Muster!) – das nimmt Oberflächenspannung, das Brot geht gut auf und sieht toll aus.

Rustikale Kruste? Backen Sie das Brot mit der Nahtstelle nach oben. Die Nahtstellen reißen beim Backen auf und das Brot sieht hinterher rustikal aus.

Gemustertes Brot? Oberfläche mit Wasser bestreichen, Blätter oder Schablone darauflegen und das Brot gut mit Mehl oder Saaten bestreuen. Schablone abnehmen.

JOGHURTBRÖTCHEN

Für 6 Stück
Zubereitungszeit: 15 Min.
Gehzeit: 1 Std.
Backzeit: 25 Min.

Pro Stück ca. 180 kcal,
6 g E, 3 g F, 31 g KH

250 g Weizenmehl Type 550
Salz
½ Würfel frische Hefe (21 g)
150 g Joghurt (3,5 % Fett)
1 TL Zucker
1 EL Olivenöl

Außerdem:
Mehl zum Arbeiten

1 Mehl und 1 ½ TL Salz in einer Schüssel mischen. Hefe, Joghurt, Zucker und Olivenöl mit 50 ml lauwarmem Wasser verrühren. Die Hefe- zur Mehlmischung geben und alles ca. 5 Min. erst mit den Knethaken des Handrührgeräts und anschließend mit den Händen gut verkneten. Den Teig mit Frischhaltefolie abdecken und 1 Std. an einem warmen Ort gehen lassen.

2 Ein Backblech in den Backofen (2. Schiene von unten) schieben und eine ofenfeste Schale mit Wasser auf den Ofenboden stellen. Den Ofen auf 230° vorheizen. Einen Bogen Backpapier bereitlegen.

3 Den Teig auf der bemehlten Arbeitsfläche in sechs Stücke teilen. Jedes Stück mit bemehlten Händen leicht flach drücken und zu einem länglichen Brötchen aufrollen, dabei die Enden spitz zulaufen lassen. Die Brötchen mit der Naht nach unten auf das Backpapier setzen, mit Wasser bestreichen und mit einem scharfen Messer jeweils einmal längs ca. ½ cm tief einschneiden.

4 Die Brötchen mit dem Backpapier auf das heiße Blech ziehen, dieses dafür am besten kurz aus dem Ofen nehmen. Die Brötchen 15 Min. backen, dann die Schale mit dem Wasser aus dem Ofen entfernen und die Brötchen in 5–10 Min. goldbraun fertig backen. Die Joghurtbrötchen vom Blech nehmen und auf einem Kuchengitter vollständig auskühlen lassen.

EASY IN FORM GEBRACHT

WALNUSSBRÖTCHEN

EASY
DEKORIERT

1

2

3

4

Für 6 Stück
Zubereitungszeit: 15 Min.
Gehzeit: 1 Std.
Backzeit: 25 Min.

Pro Stück ca. 260 kcal,
8 g E, 11 g F, 33 g KH

100 g Walnusskerne (ersatzweise Mandeln oder andere Nusskerne, z. B. Haselnusskerne)
250 g Weizenmehl Type 550
Salz
2 TL Trockenhefe
2 TL Honig

Außerdem:
Mehl zum Arbeiten

1 Die Walnusskerne grob hacken (Bild 1). Mehl, 1 TL Salz und 70 g Nüsse in einer Schüssel mischen. Hefe und Honig mit 160 ml lauwarmem Wasser verrühren. Die Hefe- zur Mehlmischung geben und alles ca. 5 Min. erst mit den Knethaken des Handrührgeräts und anschließend mit den Händen gut verkneten. Den Teig mit Frischhaltefolie abdecken und 1 Std. an einem warmen Ort gehen lassen.

2 Ein Backblech in den Backofen (2. Schiene von unten) schieben und eine ofenfeste Schale mit Wasser auf den Ofenboden stellen. Den Ofen auf 230° vorheizen.

3 Einen Bogen Backpapier bereitlegen. Den Teig auf wenig Mehl in sechs Stücke teilen. Jedes Stück mit leicht bemehlten Händen rund rollen (Bild 2). Dann mit einem Kochlöffelstiel ein Loch in die Mitte drücken und durch kreisende Bewegungen mit dem Löffel leicht vergrößern (Bild 3). Brötchen auf das Backpapier setzen, mit Wasser bestreichen und mit etwas Mehl bestäuben. Übrige Nüsse (30 g) daraufstreuen und leicht andrücken (Bild 4).

4 Die Brötchen mit dem Backpapier auf das heiße Blech ziehen, dieses dafür am besten kurz aus dem Ofen nehmen. Brötchen 18 Min. backen, dann die Schale mit dem Wasser aus dem Ofen entfernen und die Brötchen in ca. 7 Min. goldbraun fertig backen. Auf einem Kuchengitter auskühlen lassen.

PITA-BROTE AUS DER PFANNE

Für 5 Stück
Zubereitungszeit: 15 Min.
Gehzeit: 1 Std.
Bratzeit: 5 × 10 Min.

Pro Stück ca. 240 kcal,
8 g E, 3 g F, 46 g KH

250 g Mehl
90 g Vollkorn-Weizenmehl
Salz
1 TL Trockenhefe
1 EL Olivenöl

Außerdem:
Mehl zum Arbeiten
Öl zum Bestreichen

1 Beide Mehlsorten und 1 TL Salz in einer Schüssel mischen. Die Hefe und das Olivenöl mit 100 ml lauwarmem Wasser verrühren. Die Hefe- zur Mehlmischung geben und alles erst mit den Knethaken des Handrührgeräts und anschließend mit den Händen gut verrühren. Den Teig mit Frischhaltefolie abdecken und an einem warmen Ort 1 Std. gehen lassen.

2 Den Teig auf der leicht bemehlten Arbeitsfläche in fünf gleich große Portionen teilen. Jedes Teigstück durchkneten, zur Kugeln formen und diese zu einem etwas länglichen, ca. ½ cm dünnen Fladen ausrollen. Die Brote dünn mit Öl bestreichen.

3 Eine große Pfanne trocken erhitzen und die Fladenbrote darin nach und nach braten. Dafür die Fladen unter mehrmaligem Wenden 7–10 Min. braten, bis sie sich ballonartig aufgeblasen haben und leicht gebräunt sind. Fertige Brote warm servieren oder auf einem Kuchengitter auskühlen lassen.

TIPP: Verwenden Sie eine möglichst große Pfanne oder zwei Pfannen gleichzeitig, um mehrere Brote auf einmal braten zu können und Zeit zu sparen. Die Brote für extra Geschmack nach dem Braten mit Kräuter- oder Knoblauchbutter bestreichen.

EINFACHER KLASSIKER

KLEINE PARMESANBROTE

Für 4 Stück
Zubereitungszeit: 15 Min.
Gehzeit: mind. 8 Std. 30 Min.
Backzeit: 25 Min.

Pro Stück ca. 520 kcal,
23 g E, 14 g F, 74 g KH

290 ml Milch (s. Tipp)
10 Basilikumblätter
400 g Dinkelmehl Type 630
Salz
75 g geriebener Parmesan
1 TL Pfeffer (frisch gemahlen)
1 ½ TL Trockenhefe
1 TL Zucker
2 EL Olivenöl

Außerdem:
Mehl zum Arbeiten

1 Die Milch in einem Topf lauwarm erhitzen. Basilikum waschen, trocken tupfen und fein hacken. Mehl, Basilikum, 1 TL Salz, Parmesan und Pfeffer in einer großen Schüssel mischen. Hefe, Milch, Zucker und Öl verrühren. Hefe- zur Mehlmischung geben und alles ca. 5 Min. erst mit den Knethaken des Handrührgeräts und dann mit den Händen gut verkneten. Teig mit Frischhaltefolie abdecken und mindestens 8 Std. in den Kühlschrank stellen, am besten über Nacht.

2 Einen Bogen Backpapier bereitlegen. Den Teig auf der bemehlten Arbeitsfläche vierteln. Jedes Stück mit bemehlten Händen zu einem ca. 15 × 10 cm großen Rechteck flach drücken, dieses zu einem länglichen Brot aufrollen und mit beiden Händen länglich nachformen. Die Brote mit der Naht nach unten auf das Backpapier setzen, mit Wasser bestreichen, mit Frischhaltefolie abdecken und 30 Min. gehen lassen. Inzwischen ein Backblech in den Backofen (2. Schiene von unten) schieben und eine ofenfeste Schale mit Wasser auf den Ofenboden stellen. Den Ofen auf 230° vorheizen.

3 Brote mit Wasser bestreichen und an der Oberfläche mit einem scharfen Messer je 3-mal schräg ca. ½ cm tief einschneiden. Mit dem Backpapier auf das heiße Blech ziehen, dieses dafür am besten kurz aus dem Ofen nehmen. Brote 20 Min. backen, dann die Schale mit dem Wasser entfernen und die Brote in ca. 5 Min. goldbraun backen. Auf einem Kuchengitter auskühlen lassen.

TIPP: Wer keinen Messbecher mit kleiner Mengeneinteilung hat, kann Milch oder Wasser auch eins zu eins abwiegen – 100 ml entsprechen bei beiden Zutaten 100 g.

KANN
ÜBER NACHT
GEHEN

HASELNUSS-APFEL-BROT

Für 1 Brot (ca. 24 Scheiben)
Zubereitungszeit: 15 Min.
Backzeit: 1 Std. 10 Min.

Pro Scheibe ca. 95 kcal,
3 g E, 3 g F, 13 g KH

100 g Haselnusskerne (ersatzweise Mandeln, Walnüsse, Pinienkerne)
1 kleiner Apfel (100 g)
500 g Vollkorn-Weizenmehl
Salz
1 Würfel frische Hefe (42 g)
1 EL Apfelessig

Außerdem:
Kastenform (30 cm lang)
Butter und Mehl für die Form
Mehl zum Arbeiten

1 Haselnüsse grob hacken. Den Apfel waschen, trocken reiben, vierteln, entkernen und grob hacken. Mehl, Nüsse, Apfelwürfel und 2 TL Salz in einer Schüssel mischen. Hefe und Essig mit 400 ml lauwarmem Wasser verrühren. Hefe- zur Mehlmischung geben und alles mit den Knethaken des Handrührgeräts oder in der Küchenmaschine zu einem flüssigen, klebrigen Teig verkneten.

2 Die Kastenform gut mit Butter fetten und mit Mehl ausstäuben. Den Teig in die Form füllen und glatt streichen. Die Form in den kalten Backofen (2. Schiene von unten) schieben und eine ofenfeste Schale mit Wasser auf den Ofenboden stellen. Den Ofen auf 200° einschalten und das Brot 1 Std. backen.

3 Die Schale mit Wasser aus dem Ofen entfernen, das Brot aus der Form stürzen und ohne diese weitere 10 Min. backen. Die Klopfprobe machen (s. S. 78), das Brot bei Bedarf noch 5–10 Min. weiterbacken. Auf einem Kuchengitter auskühlen lassen.

MÖHREN-JOGHURT-BROT

MUSS NICHT GEHEN

Für 1 Brot (ca. 20 Scheiben)
Zubereitungszeit: 20 Min.
Backzeit: 1 Std.

Pro Scheibe ca. 150 kcal,
6 g E, 5 g F, 21 g KH

200 g Möhren (ersatzweise Zucchini)
530 g Mehl
1 Pck. Backpulver
150 g Salatkernmischung
1 TL Zucker
Salz
350 g Joghurt (3,5 % Fett)
1 Ei (M)

Außerdem:
Mehl zum Arbeiten

1 Ein Backblech in den Backofen (2. Schiene von unten) schieben und eine ofenfeste Schale mit Wasser auf den Ofenboden stellen. Den Ofen auf 230° vorheizen. Einen Bogen Backpapier bereitlegen. Möhren putzen, schälen und grob raspeln.

2 Möhren, Mehl, Backpulver, 80 g Salatkernmischung, Zucker und 2 TL Salz in einer Schüssel mischen. Joghurt und Ei verquirlen. Joghurt- zur Mehlmischung geben und alles erst mit den Knethaken des Handrührgeräts und anschließend mit den Händen glatt verkneten. Den Teig auf der bemehlten Arbeitsfläche mit leicht bemehlten Händen zu einem länglichen Laib formen.

3 Brot auf das Backpapier setzen und mit Wasser bestreichen. Restliche Kerne (70 g) daraufstreuen und leicht andrücken. Brot mit einem scharfen Messer längs ca. ½ cm tief einschneiden und mit dem Backpapier auf das heiße Blech ziehen, dieses dafür am besten kurz aus dem Ofen nehmen. Das Brot 45 Min. backen, dann die Schale mit dem Wasser entfernen und das Brot in 10–15 Min. goldbraun backen. Auf einem Kuchengitter auskühlen lassen.

KNOBLAUCH-ZUPFBROT MIT KÄSE

Für 1 Brot (8 Stücke)
Zubereitungszeit: 15 Min.
Backzeit: 50 Min.

Pro Stück ca. 320 kcal,
10 g E, 11 g F, 47 g KH

3 Knoblauchzehen
3 Stängel Petersilie
60 g geriebener Käse (z. B. Gouda)
6 EL Olivenöl
500 g Mehl
Salz
1 Würfel frische Hefe (42 g)
1 EL Honig

Außerdem:
Kastenform (30 cm lang)
Mehl zum Arbeiten

1 Den Knoblauch schälen und fein hacken oder durch die Knoblauchpresse drücken. Die Petersilie waschen und trocken tupfen, Blätter und zarte Stiele fein hacken. Knoblauch und Petersilie mit Käse und 4 EL Olivenöl auf einem tiefen Teller mischen.

2 Mehl und 2 TL Salz in einer Schüssel mischen. Hefe, Honig und die restlichen 2 EL Olivenöl mit 300 ml lauwarmem Wasser verrühren. Hefe- zur Mehlmischung geben und alles erst mit den Knethaken des Handrührgeräts und dann mit den Händen glatt verkneten.

3 Die Kastenform mit Backpapier auslegen. Den Teig auf der bemehlten Arbeitsfläche in 24 etwa gleich große Stücke teilen. Jedes Stück in der Käsemischung rollen und in die Kastenform legen, dafür die Kastenform hochkant stellen.

4 Die Kastenform auf einen Ofenrost in den kalten Backofen (2. Schiene von unten) schieben, eine ofenfeste Schale mit Wasser auf den Ofenboden stellen. Den Ofen auf 220° einschalten und das Brot 40 Min. backen. Die Schale mit dem Wasser aus dem Ofen entfernen und das Brot in 10 Min. goldbraun fertig backen. Sollte es dabei zu stark bräunen, eventuell mit Backpapier abdecken. Die Form aus dem Ofen nehmen, das Zupfbrot herauslösen und auf einem Kuchengitter auskühlen lassen.

MUSS NICHT GEHEN

LAUGENBRÖTCHEN AUS DER MUFFINFORM

Für 12 Stück
Zubereitungszeit: 40 Min.
Gehzeit: 1 Std.
Backzeit: 15 Min.

Pro Stück ca. 135 kcal,
4 g E, 2 g F, 24 g KH

30 g Butter
400 g Mehl
Salz
½ Würfel frische Hefe (21 g)
1 TL Zucker
25 g Natron
2 EL mittelgrobes Salz

Außerdem:
12er-Muffinform
Butter für die Form
Mehl zum Arbeiten

1 Die Butter in einem kleinen Topf bei mittlerer Hitze zerlassen. Das Mehl und 1 ½ TL Salz in einer Schüssel mischen. Hefe, zerlassene Butter und Zucker mit 230 ml lauwarmem Wasser verrühren. Die Hefe- zur Mehlmischung geben und alles erst mit den Knethaken des Handrührgeräts und anschließend mit den Händen glatt verkneten. Den Teig mit Frischhaltefolie abdecken und an einem warmen Ort 1 Std. gehen lassen.

2 Den Backofen auf 220° vorheizen. Die Mulden der Muffinform gut mit Butter fetten. Das Natron mit 500 ml Wasser in einem Topf aufkochen, dann den Topf von der Herdplatte nehmen.

3 Den Teig auf der bemehlten Arbeitsfläche in zwölf gleich große Stücke teilen. Jedes Teigstück zwischen den leicht bemehlten Händen zu einem runden Brötchen rollen. Die Brötchen nacheinander mit einem Schaumlöffel jeweils 30 Sek. lang in das Natronwasser halten, dann herausheben, kurz abtropfen lassen und in die Muffinform setzen. Mit mittelgrobem Salz bestreuen.

4 Die Brötchen im Ofen (2. Schiene von unten) ca. 15 Min. goldbraun backen. Dann aus der Form lösen und auf einem Kuchengitter auskühlen lassen.

TIPP: Die Laugenbrötchen können Sie auch einfrieren. Zum Servieren über Nacht auftauen lassen und kurz im Ofen aufbacken.

EINFACHER KLASSIKER

BLITZ-SCHOKOBRÖTCHEN

ECHTES BLITZREZEPT

Für 8 Stück
Zubereitungszeit: 10 Min.
Backzeit: 20 Min.

Pro Stück ca. 335 kcal,
10 g E, 9 g F, 54 g KH

450 g Mehl
Salz
1 Pck. Backpulver
20 g weiche Butter
50 g Zucker
100 g backfeste Schokotropfen
60 g Magerquark
200 ml Milch
1 Ei (M)

Außerdem:
Mehl zum Arbeiten
ca. 4 EL Milch zum Bestreichen

1 Den Backofen auf 180° vorheizen. Ein Backblech mit Backpapier auslegen. Mehl, ½ TL Salz, Backpulver, Butter, Zucker und Schokotropfen in einer Schüssel mischen. Quark, Milch und Ei verquirlen. Quark- zur Mehlmischung geben und alles erst mit den Knethaken des Handrührgeräts und dann mit den Händen glatt verkneten.

2 Den Teig auf der bemehlten Arbeitsfläche zu einem großen Kreis (ca. 30 cm ∅) ausrollen. Den Teigkreis mit einem Messer wie eine Torte in acht Stücke schneiden. Die Teigstücke auf das Blech setzen und mit Milch bestreichen.

3 Die Brötchen im Ofen auf der mittleren Schiene in ca. 20 Min. goldbraun backen. Vom Blech nehmen und auf einem Kuchengitter lauwarm oder vollständig abkühlen lassen.

TIPP: Statt Schokotropfen können Sie auch Rosinen oder Cranberrys verwenden. Diese jedoch zuvor 30 Min. in Orangensaft einweichen und gut abtropfen lassen.

BURGER BUNS

KURZE GEHZEIT

Für 6 Stück
Zubereitungszeit: 15 Min.
Gehzeit: 10 Min.
Backzeit: 12 Min.

Pro Stück ca. 225 kcal,
7 g E, 8 g F, 30 g KH

50 g Butter
225 g Mehl
Salz
1 Ei (M)
1 EL Trockenhefe
20 g Zucker

Außerdem:
Mehl zum Arbeiten
ca. 6 TL Sesam zum Bestreuen (nach Belieben)

1 Butter in einem Topf bei mittlerer Hitze zerlassen. Mehl und 1 TL Salz in einer Schüssel mischen. Ei trennen. Eigelb, Hefe, Zucker und Butter mit 120 ml lauwarmem Wasser verrühren. Hefe- zur Mehlmischung geben und alles erst mit den Knethaken des Handrührgeräts und dann mit den Händen glatt verkneten.

2 Ein Backblech in den Backofen (2. Schiene von unten) schieben, den Ofen auf 220° vorheizen. Einen Bogen Backpapier bereitlegen. Teig auf der bemehlten Arbeitsfläche in sechs gleich große Stücke teilen und diese mit hohlen Händen rund rollen. Brötchen mit der Naht nach unten auf das Backpapier setzen, mit einem feuchten Küchentuch abdecken und 10 Min. an einem warmen Ort gehen lassen.

3 Das Eiweiß verquirlen, die Buns damit bestreichen und nach Belieben mit Sesam bestreuen. Buns mit dem Backpapier auf das heiße Blech ziehen, dieses dafür am besten kurz aus dem Ofen nehmen. Buns in 10–12 Min. goldbraun backen, dann auf einem Kuchengitter vollständig auskühlen lassen.

ROGGENBROT MIT JOGHURT

Für 1 Brot (ca. 20 Scheiben)
Zubereitungszeit: 15 Min.
Ruhe- und **Gehzeit:** 2 Std. 10 Min.
Backzeit: 45 Min.

Pro Scheibe ca. 80 kcal,
3 g E, 1 g F, 15 g KH

325 g Vollkorn-Roggenmehl
140 g Weizenmehl Type 550
2 TL Brotgewürzmischung (nach Belieben; ersatzweise gemahlener Kümmel)
Salz
½ Würfel frische Hefe (21 g)
250 g Joghurt (3,5 % Fett)

Außerdem:
Mehl zum Arbeiten

1 Beide Mehlsorten, nach Belieben Brotgewürzmischung und 1 EL Salz in einer Schüssel mischen. Die Hefe mit 200 ml lauwarmem Wasser verrühren, die Mischung 10 Min. ruhen lassen. Hefemischung und Joghurt zur Mehlmischung geben und alles ca. 3 Min. mit den Knethaken des Handrührgeräts oder in der Küchenmaschine gut verkneten. Den Teig mit Frischhaltefolie abdecken und an einem warmen Ort 1 Std. 40 Min. gehen lassen.

2 Ein Backblech in den Backofen (2. Schiene von unten) schieben und eine ofenfeste Schale mit Wasser auf den Ofenboden stellen. Den Ofen auf 230° vorheizen.

3 Einen Bogen Backpapier bereitlegen. Den Teig auf der stark bemehlten Arbeitsfläche mit einem Teigschaber oder einer Teigkarte zu einem runden Brotlaib formen. Das Brot auf das Backpapier legen, mit Wasser bestreichen, mit Frischhaltefolie abdecken und 20 Min. ruhen lassen. Das Brot erneut mit Wasser bestreichen und nach Belieben an der Oberfläche mit einem scharfen Messer ein Muster einschneiden (s. S. 105).

4 Das Brot mit dem Backpapier auf das heiße Blech ziehen, dieses dafür am besten kurz aus dem Ofen nehmen. Das Brot 35 Min. backen, dann die Schüssel mit dem Wasser entfernen und das Brot in ca. 10 Min. knusprig und braun fertig backen. Die Klopfprobe machen (s. S. 78), das Brot bei Bedarf noch 5–10 Min. weiterbacken. Vom Blech nehmen und auf einem Kuchengitter auskühlen lassen.

EINFACHER
KLASSIKER

KÄSE-SCONES

Für 12 Stück
Zubereitungszeit: 20 Min.
Kühlzeit: 30 Min.
Backzeit: 30 Min.

Pro Stück ca. 225 kcal,
7 g E, 9 g F, 29 g KH

420 g Mehl
2 EL Zucker
1 Pck. Backpulver
Salz
75 g kalte Butter
2 Eier (M)
150 g Buttermilch
80 g geriebener Käse (z. B. Cheddar, Emmentaler)

Außerdem:
Mehl zum Arbeiten

1 Mehl, Zucker, Backpulver und 1 TL Salz in einer Schüssel oder auf der Arbeitsfläche mischen. Die Butter in kleinen Flocken daraufgeben. Alles mit den Händen zu feinen Streuseln zerreiben.

2 Eier und Buttermilch zu den Streuseln geben und alles mit den Knethaken des Handrührgeräts oder von Hand zu einem glatten Teig verkneten. Zum Schluss den Käse unterarbeiten. Den ziemlich klebrigen Teig ca. 30 Min. in den Kühlschrank stellen.

3 Etwa 10 Min. vor Ende der Kühlzeit den Backofen auf 220° vorheizen. Ein Backblech mit Backpapier auslegen.

4 Den Teig auf der bemehlten Arbeitsfläche ca. 3,5 cm dick ausrollen. Die Teigplatte mit einem Messer in zwölf etwa gleich große Stücke schneiden, die Form kann dabei variieren.

5 Die Käse-Scones auf das Blech setzen und im Ofen (Mitte) in 25–30 Min. goldgelb backen. Vom Blech nehmen und auf einem Kuchengitter lauwarm oder vollständig abkühlen lassen.

MUSS NICHT GEHEN

FLADENBROT

Für 1 Brot (ca. 8 Stücke)
Zubereitungszeit: 15 Min.
Gehzeit: 30 Min.
Backzeit: 10 Min.

Pro Stück ca. 195 kcal,
6 g E, 4 g F, 34 g KH

350 g Weizenmehl Type 550
Salz
½ Würfel frische Hefe (21 g)
1 EL Zucker
3 EL Olivenöl
ca. 2 EL Sesam (nach Belieben)

Außerdem:
Mehl zum Arbeiten

1 Mehl und 2 TL Salz in einer großen Schüssel mischen. Hefe, Zucker und 2 EL Olivenöl mit 220 ml lauwarmem Wasser verrühren. Die Hefe- zur Mehlmischung geben und alles ca. 5 Min. erst mit den Knethaken des Handrührgeräts und anschließend mit den Händen gut verkneten. Den Teig mit Frischhaltefolie abdecken und 30 Min. gehen lassen.

2 Ein Backblech in den Backofen (2. Schiene von unten) schieben und den Ofen auf 230° vorheizen. Einen Bogen Backpapier auf der Arbeitsfläche bereitlegen.

3 Den Teig auf der bemehlten Arbeitsfläche mit den Händen zu einem ca. 25 × 15 cm großen Fladen flach drücken. Den Teigfladen auf das Backpapier legen und auf der Oberfläche mit leicht bemehlten Fingern Dellen hineindrücken. Das Fladenbrot mit dem restlichen Olivenöl (1 EL) bestreichen und nach Belieben mit Sesam bestreuen.

4 Das Fladenbrot mit dem Backpapier auf das heiße Blech ziehen, dieses dazu am besten kurz aus dem Ofen nehmen. Das Brot in ca. 10 Min. goldbraun backen, dann vom Blech nehmen und warm genießen oder auf einem Kuchengitter auskühlen lassen. Zum Servieren wie eine Torte in Stücke oder quer in Streifen schneiden.

TIPP: Decken Sie das Brot nach dem Backen mit einem Küchentuch ab, damit es die typische weiche Kruste bekommt.

EINFACHER KLASSIKER

PANINI-BRÖTCHEN MIT ROSMARIN

SCHNELL GEFORMT

1

2

3

4

Für 6 Stück
Zubereitungszeit: 10 Min.
Gehzeit: 1 Std.
Backzeit: 12 Min.

Pro Stück ca. 285 kcal,
9 g E, 1 g F, 60 g KH

2 Zweige Rosmarin
500 g Weizenmehl Type 550
Salz
¼ Würfel frische Hefe (10 g)
1 TL Zucker

Außerdem:
Mehl zum Arbeiten

1 Rosmarin waschen und trocken tupfen, Nadeln abzupfen und fein hacken (Bild 1). Mehl, Rosmarin und 1 ½ TL Salz in einer Schüssel mischen. Hefe und Zucker mit 325 ml lauwarmem Wasser verrühren. Die Hefe- zur Mehlmischung geben und alles da. 5 Min. erst mit den Knethaken des Handrührgeräts und anschließend mit den Händen gut verkneten. Den Teig mit Frischhaltefolie abdecken und Teig 1 Std. gehen lassen.

2 Ein Backblech in den Backofen (2. Schiene von unten) schieben und eine ofenfeste Schale mit Wasser auf den Ofenboden stellen. Den Ofen auf 230° vorheizen.

3 Einen Bogen Backpapier bereitlegen. Den Teig auf der bemehlten Arbeitsfläche in sechs Stücke teilen (Bild 2). Jedes Teigstück mit leicht bemehlten Händen zu einem ca. 6 × 12 cm großen Rechteck flach drücken (Bild 3). Die Teigstücke auf das Backpapier legen, mit Wasser bestreichen und mit Mehl bestreuen.

4 Die Brötchen mit dem Backpapier auf das heiße Blech ziehen, dieses dafür am besten kurz aus dem Ofen nehmen (Bild 4). Die Brötchen 5–6 Min. backen, dann die Schüssel mit dem Wasser aus dem Ofen entfernen und die Brötchen in 5–6 Min. goldbraun fertig backen. Auf einem Kuchengitter auskühlen lassen.

KNUSPERBROT MIT KÄSE UND TRAUBEN

Für 1 Brot (ca. 20 Scheiben)
Zubereitungszeit: 20 Min.
Gehzeit: 1 Std.
Backzeit: 40 Min.

Pro Scheibe ca. 95 kcal,
3 g E, 1 g F, 19 g KH

50 g Weichkäse (z. B. Camembert, Brie)
80 g rote Weintrauben
10 Zweige Thymian
500 g Weizenmehl Type 550
Salz
¼ Würfel frische Hefe (10 g)
1 TL Zucker

Außerdem:
Mehl zum Arbeiten

1 Den Weichkäse in kleine Würfel schneiden. Die Weintrauben waschen, trocken tupfen und von den Stielen zupfen. Den Thymian waschen, 3–4 Zweige in kaltem Wasser beiseitestellen. Die übrigen Thymianzweige trocken tupfen, die Blätter abzupfen.

2 Mehl, 1 ½ TL Salz, Käse, Trauben und Thyminablätter in einer Schüssel mischen. Hefe und Zucker mit 325 ml lauwarmem Wasser verrühren. Die Hefe- zur Mehlmischung geben und alles ca. 5 Min. erst mit den Knethaken des Handrührgeräts und anschließend mit den Händen gut verkneten. Den Teig mit Frischhaltefolie abdecken und 1 Std. gehen lassen.

3 Ein Backblech in den Backofen (2. Schiene von unten) schieben und eine ofenfeste Schale mit Wasser auf den Ofenboden stellen. Den Ofen auf 230° vorheizen.

4 Einen Bogen Backpapier bereitlegen. Den Teig auf der bemehlten Arbeitsfläche zu einem ca. 20 × 10 cm großen Rechteck flach drücken und dieses zu einem länglichen Brotlaib aufrollen. Die beiseitegestellten Thymianzweige aus dem Wasser nehmen und in den Teig drücken. Das Brot auf das Backpapier setzen, mit Wasser bestreichen und mit etwas Mehl bestreuen.

5 Das Brot mit dem Backpapier auf das heiße Blech ziehen, dieses dafür am besten kurz aus dem Ofen nehmen. Das Brot 25 Min. backen, dann die Schale mit dem Wasser aus dem Ofen entfernen und das Brot in 10–15 Min. goldbraun fertig backen. Die Klopfprobe machen (s. S. 78), das Brot bei Bedarf noch 5–10 Min. weiterbacken. Vom Blech nehmen und auf einem Kuchengitter auskühlen lassen.

EASY
DEKORIERT

ROTE-BETE-BROT

Für 1 Brot (ca. 20 Scheiben)
Zubereitungszeit: 10 Min.
Gehzeit: 1 Std.
Backzeit: 40 Min.

Pro Scheibe ca. 105 kcal,
3 g E, 1 g F, 20 g KH

325 ml Rote-Bete-Saft
500 g Weizenmehl Type 550
Salz
¼ Würfel frische Hefe (10 g)
2 TL Zucker
2 EL Kürbiskerne (ersatzweise Sonnenblumenkerne, Sesam)

Außerdem:
Mehl zum Arbeiten

1 Den Rote-Bete-Saft in einem Topf lauwarm erhitzen. Mehl und 1 TL Salz in einer Schüssel mischen. Die Hefe und den Zucker mit dem Rote-Bete-Saft verrühren.

2 Die Hefe- zur Mehlmischung geben und alles ca. 5 Min. erst mit den Knethaken des Handrührgeräts und anschließend mit den Händen verkneten. Den Teig mit Frischhaltefolie abdecken und 1 Std. an einem warmen Ort gehen lassen.

3 Ein Backblech in den Backofen (2. Schiene von unten) schieben und eine ofenfeste Schale mit Wasser auf den Ofenboden stellen. Den Ofen auf 230° vorheizen.

4 Einen Bogen Backpapier bereitlegen. Den Teig auf der bemehlten Arbeitsfläche zu einem runden Brotlaib formen. Den Laib auf das Backpapier setzen, mit Wasser bestreichen, und an der Oberfläche mit einem scharfen Messer einmal ca. 1 cm tief einschneiden. Die Kürbiskerne daraufstreuen und leicht andrücken.

5 Das Brot mit dem Backpapier auf das heiße Blech ziehen, dieses dafür am besten kurz aus dem Ofen nehmen. Das Brot zunächst 20 Min. backen. Die Schale mit dem Wasser entfernen, das Brot mit Alufolie abdecken und in 15–20 Min. fertig backen. Die Klopfprobe machen (s. S. 78), das Brot bei Bedarf noch 5–10 Min. weiterbacken. Vom Blech nehmen und auf einem Kuchengitter auskühlen lassen.

TIPP: Das Brot passt geschmacklich super zu Käse, Vorspeisen oder Suppen und ist wegen der Farbe ein echter Hingucker!

EASY
DEKORIERT

TRICK 5

FIX MIT FERTIGTEIG

IDEEN MIT BROTRESTEN

Brotchips: Weißbrotstangen in sehr dünne Scheiben schneiden, mit Olivenöl und Gewürzen (z. B. Paprikapulver) mischen und auf einem Backblech im auf 200 °C vorgeheizten Backofen in ca. 10 Min. knusprig backen.

French Toast: Für je 2–3 dicke helle Brotscheiben 60 ml Milch mit 1 Ei (M) verquirlen. Brot darin einweichen, dann in einer Pfanne in Butter bei mittlerer Hitze beidseitig goldbraun braten. Mit Zimtzucker bestreuen.

Röstbrote: Brotscheiben toasten. Mit Knoblauchbutter (z. B. Fertigprodukt aus dem Kühlregal) bestreichen. Unter dem Backofengrill rösten, mit Käse bestreuen und kurz überbacken. Mit Petersilie bestreuen.

Semmelknödel: 300 g Brot würfeln, mit 250 ml warmer Milch, 2 Eiern, 2 EL gedünsteten Zwiebelwürfeln mischen. 10 Min. quellen lassen. Knödel formen, in Salzwasser knapp unter dem Siedepunkt gar ziehen lassen.

Bread Pudding: Pro Tasse (ofenfest und gefettet) 80 g helles Brot grob würfeln. Mit 1 EL Beeren einfüllen. 1 Ei (M), 25 ml Milch und 1–2 TL Vanillezucker verquirlen, darübergießen. Im Ofen bei 180° ca. 20 Min. backen.

Pizzabrötchen: Brötchen kurz unter Wasser halten. Halbieren, mit je 2 TL Tomatensauce, 2 EL gewürfeltem Pizzabelag nach Wunsch und 1 TL gewürfeltem Mozzarella belegen. Im Backofen bei 220° knusprig backen.

Croûtons: Brot mundgerecht würfeln. Je 50 g mit 2 TL Olivenöl, Salz und 1 kleinen durchgepressten Knoblauchzehe mischen. Auf einem Backblech ausbreiten und im Backofen bei 200° ca. 10 Min. knusprig backen.

Flammküchlein: Große Brotscheiben nehmen. Pro Scheibe ca. 2 EL mit Salz und Pfeffer gewürzten Schmand daraufstreichen, je 1 EL Zwiebel- und Speckwürfel darauflegen. Im Backofen bei 220° 5–10 Min. überbacken.

STRUDELBRÖTCHEN AUS PIZZATEIG

Für 12 Stück
Zubereitungszeit: 20 Min.
Backzeit: 30 Min.

Pro Stück ca. 130 kcal,
3 g E, 6 g F, 15 g KH

150 g Pilze (z. B. Champignons, Austernpilze, Steinpilze)
2 EL Öl
1 weiße Zwiebel
50 ml Weißwein
1 EL Senf (nach Belieben mittelscharf oder scharf)
Salz
Pfeffer
100 g Schmand
1 Pck. Pizzateig (400 g, rechteckig ausgerollt auf Backpapier; Kühlregal)

1 Ein Backblech in den Backofen (2. Schiene von unten) schieben und den Ofen auf 180° vorheizen.

2 Die Pilze putzen, bei Bedarf mit einem Tuch abreiben. Die Zwiebel schälen und fein würfeln. Das Öl in einer Pfanne erhitzen und die Pilze darin bei starker Hitze rundum kräftig anbraten. Die Hitze reduzieren, die Zwiebel zu den Pilzen geben und alles 2 Min. weitergaren. Mit dem Weißwein ablöschen und den Senf einrühren. Die Hitze wieder erhöhen und die Flüssigkeit vollständig einköcheln lassen. Die Pilzmasse mit Salz und Pfeffer würzen. Den Schmand cremig rühren und kräftig mit Salz und Pfeffer würzen.

3 Den Pizzateig entrollen, vorsichtig vom Backpapier lösen und wieder darauflegen. Den Teig mit dem Schmand bestreichen, dabei rundherum einen schmalen Rand lassen, und die Pilzmasse darauf verteilen. Die Teigplatte von einer langen Seite her 3–4-mal übereinanderklappen, zum Rollen ist er zu weich.

4 Die gefüllte Teigplatte in zwölf gleich breite Streifen schneiden, die wie flache Strudelstücke aussehen, und diese auf dem Backpapier verteilen. Die Strudelbrötchen mit dem Backpapier auf das heiße Blech ziehen, dieses dafür am besten kurz aus dem Ofen nehmen. Die Brötchen in ca. 30 Min. goldbraun backen. Warm genießen oder auf einem Kuchengitter auskühlen lassen.

TIPP: Die Pilze können Sie auch mit knusprig angebratenem Hackfleisch mischen oder durch dieses ersetzt. Zum Mischen benötigen Sie ca. 50 g Hackfleisch, als Ersatz ca. 120 g.

ECHTES
BLITZREZEPT

APFEL-ZIMT-ROSEN

SCHNELL
WAS SÜSSES

1

2

3

4

Für 6 Stück
Zubereitungszeit: 25 Min.
Backzeit: 30 Min.

Pro Stück ca. 260 kcal,
3 g E, 16 g F, 26 g KH

1 Bio-Zitrone
3 säuerliche Äpfel (ca. 400 g; möglichst mit roter Schale)
5 EL Doppelrahmfrischkäse
1 TL Zimtpulver
1 Pck. Blätterteig (275 g, rechteckig ausgerollt auf Backpapier; Kühlregal)
3 EL rotes Gelee (z. B. Johannisbeere, Himbeere oder Erdbeere)

Außerdem:
Muffinform (benötigt werden 6 Mulden)
Puderzucker zum Bestäuben (nach Belieben)

1 Den Backofen auf 210° vorheizen. Zitrone heiß waschen und trocken reiben, 1 TL Zitronenschale abreiben. Zitrone halbieren und Saft auspressen. Zitronensaft mit ca. 500 ml Wasser verrühren. Äpfel waschen, trocken reiben, längs halbieren und mithilfe eines Teelöffels entkernen. Apfelhälften quer in sehr feine Scheiben schneiden und diese in das Zitronenwasser legen (Bild 1). Frischkäse, Zitronenschale und Zimt verrühren.

2 Den Blätterteig entrollen, vorsichtig vom Papier lösen und wieder darauflegen. Die Teigplatte längs in sechs gleich breite Streifen schneiden. Die Teigstreifen mit Frischkäsemasse bestreichen. Die Apfelscheiben leicht überlappend jeweils auf die obere Hälfte der Teigstreifen legen, sodass die Apfelschale oben über den Teig ragt (Bild 2). Die untere Teighälfte über die Apfelscheiben klappen, dann die Streifen vorsichtig aufrollen (Bild 3). Die Teigrosen in die Mulden der Muffinform setzen (Bild 4).

3 Apfel-Zimt-Rosen im Ofen (2. Schiene von unten) 15 Min. backen. Dann die Rosen mit Backpapier abdecken und in 10–15 Min. goldgelb fertig backen. Die Form aus dem Ofen nehmen und auf ein Kuchengitter stellen. Das Gelee in einem Topf glatt rühren, einmal aufkochen und die noch heißen Apfelrosen damit bestreichen. Die Rosen 15 Min. in der Form abkühlen lassen, dann herauslösen und warm genießen oder auf einem Kuchengitter auskühlen lassen. Nach Belieben mit Puderzucker bestäuben.

SCHOKOSCHNECKEN AUS DER MUFFINFORM

Für 6 Stück
Zubereitungszeit: 15 Min.
Backzeit: 14 Min.

Pro Stück ca. 490 kcal,
13 g E, 13 g F, 77 g KH

2 Pck. Hörnchenteig (à 6 Stück, à 250 g; Kühlregal; ersatzweise Croissantteig)
130 g Schokocreme (Brotaufstrich; ersatzweise Nuss-Nugat-Creme)
35 g Honig
20 g Butter

Außerdem:
6er-Muffinform
Butter für die Form

1 Den Backofen auf 200° vorheizen. Die Mulden der Muffinform gut mit Butter fetten. Den Hörnchenteig entrollen und auf der Arbeitsfläche ausbreiten. Jede Rolle an den Nähten vorsichtig durchschneiden und die Stücke leicht überlappend wieder zusammenfügen und festdrücken, sodass zwei lange Teigstücke entstehen.

2 Die Teigstücke je mit der Hälfte der Schokocreme bestreichen und von der kurzen Seite her eng aufrollen. Die Rollen mit einem scharfen Messer in je drei gleich breite Scheiben schneiden und diese mit der flachen Seite nach unten in die Mulden der Form setzen.

3 Die Schnecken im Ofen (2. Schiene von unten) in 12–14 Min. goldbraun backen. Inzwischen Honig und Butter zusammen in einem kleinen Topf erhitzen und ca. 3 Min. köcheln lassen, den Topf vom Herd nehmen.

4 Die fertigen Schnecken in der Form auf ein Kuchengitter stellen, mit der heißen Butter-Honig-Mischung bestreichen und 5–10 Min. abkühlen lassen. Dann die Schnecken aus der Form nehmen und auf dem Kuchengitter auskühlen lassen.

NUR
4 ZUTATEN

PIZZATASCHEN

EASY DEKORIERT

1

2

3

4

Für 4 Stück
Zubereitungszeit: 15 Min.
Backzeit: 18 Min.

Pro Stück ca. 435 kcal,
20 g E, 20 g F, 44 g KH

- 40 g Salami (ersatzweise beliebiger anderer Belag, z. B. Schinken, Pilze, Mais)
- 1 Kugel Mozzarella (125 g)
- 10 Basilikumblätter
- 1 Pck. Pizzateig (400 g, rechteckig ausgerollt auf Backpapier; Kühlregal)
- 4 TL Tomatenmark
- 80 g geriebener Käse (z. B. Emmentaler, Gouda)

1 Ein Backblech in den Backofen (2. Schiene von unten) schieben und den Ofen auf 200° vorheizen. Salami und Mozzarella in kleine Würfel schneiden. Die Basilikumblätter waschen, trocken tupfen und fein hacken.

2 Den Pizzateig entrollen, vorsichtig vom Papier lösen und wieder darauflegen. Den Teig einmal quer und einmal längs halbieren, sodass vier Rechtecke entstehen (Bild 1).

3 Die Teigrechtecke je auf einer Hälfte längs mit 1 TL Tomatenmark bestreichen. Geriebenen Käse, Salami, Mozzarella und Basilikum darauf verteilen, dabei rundherum einen schmalen Rand lassen (Bild 2). Die andere Hälfte im Abstand von ca. 3 cm einschneiden, die dabei entstehenden Teigstreifen nach oben über die Füllung klappen und auf dem Teigrand sehr gut andrücken (Bild 3). Den Teigrand einmal nach oben falten und wieder gut andrücken (Bild 4).

4 Die Pizzataschen mit dem Backpapier auf das heiße Blech ziehen, dieses dafür am besten kurz aus dem Ofen nehmen. Pizzataschen in 15–18 Min. goldbraun backen. Warm genießen.

TIPP: Die Pizzataschen können Sie selbstverständlich mit Ihrem Lieblingspizzabelag füllen. Werden Sie ruhig kreativ!

ZUPFBROT MIT MARZIPAN-SCHOKOLADE

Für 1 Brot (ca. 24 Stücke)
Zubereitungszeit: 25 Min.
Backzeit: 50 Min.

Pro Stück ca. 215 kcal,
5 g E, 7 g F, 31 g KH

80 g Butter
300 g Marzipan-Schokolade
3 Pck. Sonntagsbrötchen (à 8 Stück, à 400 g; Kühlregal)
2 EL Honig

Außerdem:
Kastenform (30 cm lang)
Butter für die Form
Mehl zum Ausrollen

1 Den Backofen auf 180° vorheizen. Die Kastenform mit Butter fetten. 70 g Butter in einem kleinen Topf bei mittlerer Hitze zerlassen. Die Marzipan-Schokolade in kleine Würfel schneiden.

2 Aus jeder Rolle Brötchen einen separaten Teigstapel herstellen. Dazu 1 Brötchen entnehmen und zu einem Quadrat (ca. 7 × 7 cm) ausrollen, eventuell mit etwas Mehl. Das Teigquadrat dünn mit Butter bestreichen und mit ca. 1 EL Schokoladenwürfel bestreuen. Das nächste Brötchen ausrollen, auf das erste Quadrat setzen, ebenfalls mit Butter bestreichen und mit Schokolade bestreuen. Das letzte Teigquadrat des letzten Teigstapels nur mit Butter bestreichen, jedoch nicht mehr mit Schokolade bestreuen.

3 Die Kastenform hochkant auf eine schmale Seite stellen. Die Teigstapel nacheinander hineinlegen, sodass die beiden Teigstücke ohne Schokolade jeweils ein Ende des Zupfbrotes bilden.

4 Das Zupfbrot im Ofen (2. Schiene von unten) in 50 Min. goldbraun backen. Dabei nach der Hälfte der Backzeit mit Backpapier abdecken, damit es nicht zu stark bräunt. Das fertige Zupfbrot in der Form auf ein Kuchengitter stellen und ca. 10 Min. abkühlen lassen.

5 Inzwischen die restliche Butter (10 g) mit dem Honig in einem Topf erhitzen und ca. 3 Min. köcheln lassen. Das Zupfbrot aus der Form lösen und noch warm mit der Butter-Honig-Mischung bestreichen. Dann lauwarm oder vollständig abkühlen lassen.

NUR
4 ZUTATEN

FRISCHKÄSESCHNECKEN MIT ERDBEERE

EASY
DEKORIERT

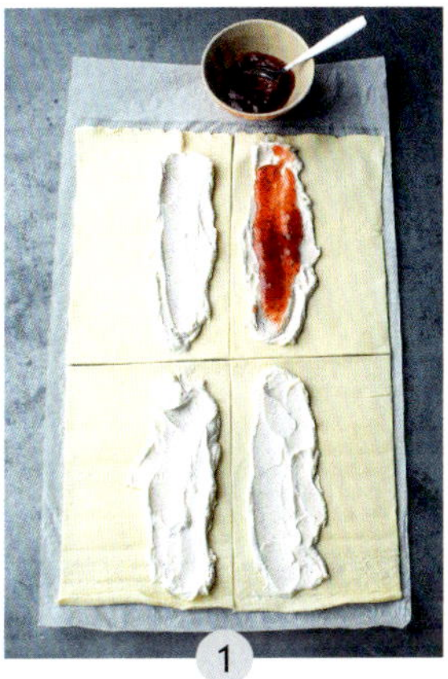
1

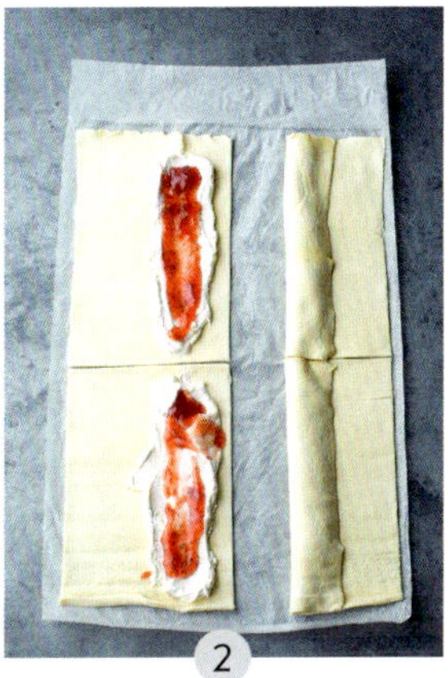
2

3

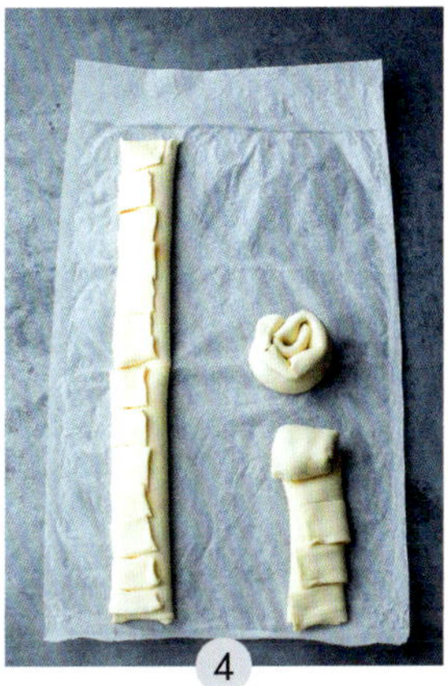
4

Für 4 Stück
Zubereitungszeit: 20 Min.
Backzeit: 28 Min.

Pro Stück ca. 420 kcal,
7 g E, 28 g F, 35 g KH

150 g Doppelrahmfrischkäse
1 Pck. Vanillezucker
1 Pck. Blätterteig (275 g, rechteckig ausgerollt auf Backpapier; Kühlregal)
60 g Erdbeerkonfitüre
1 Ei (M)

1 Den Backofen auf 200° vorheizen. Den Frischkäse in einem Schälchen mit dem Vanillezucker verrühren. Den Blätterteig entrollen, vorsichtig vom Backpapier lösen und wieder darauflegen. Die Teigplatte je einmal quer und einmal längs halbieren, sodass vier gleich große Rechtecke entstehen.

2 Die Teigrechtecke jeweils längs auf einer Hälfte mit einem Viertel des Frischkäses bestreichen, dabei einen breiten Rand lassen. Je ein Viertel der Konfitüre darauf verteilen (Bild 1). Die Teighälfte mit der Füllung zur Mitte hin einklappen, sodass die Füllung bedeckt ist (Bild 2). Den Rand rundum gut andrücken.

3 Die ungefüllte Teighälfte jeweils im Abstand von ca. 3 cm einschneiden, die so entstehenden Teigstreifen über die gefüllte Seite legen (Bild 3). Die gefüllten Teigstränge jeweils von einem Ende her zu Schnecken aufrollen, die losen Enden der Teigstreifen sollen dabei innen liegen (Bild 4).

4 Das Ei verquirlen und die Schnecken damit bestreichen. Schnecken mit dem Backpapier auf ein Backblech ziehen und im Ofen (2. Schiene von unten) in 25–28 Min. goldbraun und backen. Vom Blech nehmen und auf einem Kuchengitter auskühlen lassen.

SCHINKENCROISSANTS MIT PARMESAN

Für 6 Stück
Zubereitungszeit: 10 Min.
Backzeit: 10 Min.

Pro Stück ca. 190 kcal,
9 g E, 11 g F, 14 g KH

1 Pck. Croissantteig (250 g; Kühlregal)
40 g geriebener Parmesan
Pfeffer
6 Scheiben roher Schinken (z. B. Parmaschinken)

1 Ein Backblech in den Backofen (2. Schiene von unten) schieben und den Ofen auf 200° vorheizen.

2 Den Croissantteig entrollen und an den Nähten durchschneiden. Je 2 TL Parmesan auf dem Teig verteilen und leicht mit Pfeffer würzen. Die Teigstücke jeweils am breiten Ende mittig ca. 2 cm weit einschneiden und den Teig dort etwas auseinanderziehen. Jedes Teigstück mit 1 Scheibe Schinken belegen, diese dafür einfach passend zusammenfalten.

3 Einen Bogen Backpapier bereitlegen. Die Teigstücke jeweils von der breiten Seite her eng aufrollen und zu Hörnchen formen. Die Hörnchen auf das Backpapier setzen, das spitze Ende des Teigs sollte dabei nach unten zeigen.

4 Die Croissants mit dem Backpapier auf das heiße Blech ziehen, dieses dafür am besten kurz aus dem Ofen nehmen. Croissants in ca. 10 Min. goldbraun backen, dann vom Blech nehmen und auf einem Kuchengitter lauwarm oder vollständig abkühlen lassen.

NUR
4 ZUTATEN

FRÜHSTÜCKSMUFFINS MIT SPECK

Für 6 Stück
Zubereitungszeit: 15 Min.
Backzeit: 20 Min.

Pro Stück ca. 275 kcal,
16 g E, 12 g F, 25 g KH

1 Pck. Sonntagsbrötchen (6 Stück, 330 g; Kühlregal)
50 g geriebener Gouda
6 Eier (S)
1 Frühlingszwiebel
6 Scheiben Frühstücksspeck

Außerdem:
6er-Muffinform
Butter für die Form

1 Den Backofen auf 200° vorheizen. Die Mulden der Muffinform mit Butter fetten.

2 Die Brötchen auf der Arbeitsfläche zu Kreisen (ca. 8 cm ∅) flach drücken oder ausrollen. Die Mulden der Muffinform mit den Teigkreisen auslegen, der Teigrand sollte über den Rand ragen.

3 Den Käse in die Teigmulden verteilen. Nacheinander die Eier in die Teigmulden geben: Dazu pro Teigmulde 1 Ei über einer kleinen Schüssel aufschlagen, etwa die Hälfte des Eiweißes ablaufen lassen und das restliche Eiweiß mit dem Eigelb in die Mulde füllen. Die Eier mit Pfeffer würzen.

4 Die Muffins im Ofen (2. Schiene von unten) 15–20 Min. backen. Inzwischen die Frühlingszwiebel waschen, putzen und in feine Ringe schneiden. Den Speck in schmale Streifen schneiden. Eine Pfanne erhitzen und die Speckstreifen darin knusprig auslassen, anschließend auf Küchenpapier entfetten.

5 Die fertigen Muffins vorsichtig aus der Form heben. Mit Speck und Frühlingszwiebeln betreuen und warm servieren.

TIPP: Da das Eiweiß nicht komplett in die Muffins passt, bleibt Ihnen hier ein Rest. Falls Sie diesen nicht sofort anderweitig, benötigen, frieren Sie das Eiweiß am besten ein. Nach dem Auftauen lässt es sich wie frisches Eiweiß verwenden, z. B. zu Eischnee für Biskuit oder Baiser aufschlagen.

EASY
DEKORIERT

BLÄTTERTEIGSTANGEN MIT SESAM UND HONIG

NUR 4 ZUTATEN

Für 34 Stück
Zubereitungszeit: 20 Min.
Backzeit: 2 × 6 Min.

Pro Stück ca. 45 kcal,
1 g E, 3 g F, 5 g KH

1 Pck. Blätterteig (275 g, rechteckig ausgerollt auf Backpapier; Kühlregal)
5 EL flüssiger Honig
15 g Sesam (ersatzweise Leinsamen, gehackte Kürbiskerne)
1 Ei (M)

1 Den Backofen auf 220° vorheizen. Zwei Backbleche mit Backpapier auslegen. Den Blätterteig entrollen, einmal längs halbieren und dann 16-mal quer durchschneiden, sodass 34 gleich breite Teigstreifen entstehen.

2 Die Teigstreifen mit dem Honig bestreichen und mit dem Sesam bestreuen. Dann die Streifen nacheinander jeweils an beiden Enden fassen und durch eine gegenläufige Drehbewegung der Hände eindrehen. Die Blätterteigstangen auf die Bleche legen.

3 Das Ei verquirlen und die Stangen dünn damit bestreichen. Die Blätterteigstangen blechweise nacheinander im Ofen (Mitte) in je ca. 6 Min. goldbraun backen, dabei nach 3 Min. Backzeit mithilfe von zwei Löffeln vorsichtig einmal wenden. Die Stangen warm genießen oder auf einem Kuchengitter auskühlen lassen.

SCHNELLE HANDBROTE MIT SPECK

ECHTES BLITZREZEPT

Für 6 Stück
Zubereitungszeit: 15 Min.
Backzeit: 2 × 10 Min.

Pro Stück ca. 260 kcal,
8 g E, 11 g F, 32 g KH

1 weiße Zwiebel
60 g Frühstücksspeck (in Scheiben)
150 g Schmand
Salz
Pfeffer
1 Pck. Sonntagsbrötchen (à 6 Stück, 330 g; Kühlregal)

Außerdem:
Mehl zum Ausrollen

1 Ein Backblech in den Backofen (2. Schiene von unten) schieben und den Ofen auf 210° vorheizen.

2 Die Zwiebel schälen und in feine Würfel schneiden. Den Speck in schmale Streifen schneiden. Den Schmand in einem Schälchen cremig rühren und kräftig mit Salz und Pfeffer würzen.

3 Den Brötchenteig aus der Packung nehmen und jedes Stück auf der leicht bemehlten Arbeitsfläche zu einem ovalen Fladen (ca. 20 cm lang) ausrollen. Die Fladen mit dem Schmand bestreichen, dabei jeweils einen kleinen Rand lassen. Zwiebel und Speck gleichmäßig darauf verteilen.

4 Zwei Bögen Backpapier bereitlegen. Die Fladen blechweise nacheinander backen. Dazu je drei Teigfladen auf einen Backpapierbogen legen, mit diesem auf das heiße Blech ziehen und in ca. 10 Min. goldbraun backen. Warm genießen.

REZEPTREGISTER

APPETIT AUF MEHR?

ISBN 978-3-8338-6625-8

ISBN 978-3-8338-2196-7

ISBN 978-3-8338-6877-1

ISBN 978-3-8338-6618-0

ISBN 978-3-8338-5015-8

ISBN 978-3-8338-7544-1

e Alle hier vorgestellten Bücher sind auch als eBook erhältlich.

G|U

Mehr von GU auf **www.gu.de** und **facebook.com/gu.verlag**

Projektleitung: Verena Kordick
Lektorat: Karin Kerber
Korrektorat: Adriane Andreas
Innen- und Umschlaggestaltung: independent Medien-Design, Horst Moser, München
Herstellung: Renate Hutt
Satz: Christopher Hammond, München
Reproduktion: medienprinzen GmbH, München
Druck und Bindung: Firmengruppe APPL, aprinta druck, Wemding
Syndication: www.imageprofessionals.com

Printed in Germany

10. Auflage 2026
ISBN 978-3-8338-6762-0

Die Autorin

Anna Walz ist ausgebildete Konditorin, machte sich aber vor einigen Jahren als freie Foodstylistin und Rezeptentwicklerin selbstständig. Mittlerweile arbeitet sie nicht nur für die bekanntesten Zeitschriften und Fotografen, sondern schrieb auch bereits mehrere eigene Koch- und Backbücher. Beim Gräfe und Unzer Verlag erschien von ihr unter anderem der KüchenRatgeber »Brot backen«.

Der Fotograf

Joerg Lehmann ist seit 1994 als Foodfotograf tätig. Nach 20 Jahren in Paris lebt und arbeitet er jetzt in Berlin. Für namhafte Verlage im In- und Ausland shootete er bereits mehr als 70 Kochbücher. Mit tatkräftiger Unterstützung von **Max Faber** und **Anke Rabeler** (Foodstyling) sowie **Risa Nagahama** (Assistenz) verwandelte Joerg Lehmann sein Fotostudio in eine Tag und Nacht duftende Backstube und setzte jedes Rezept gekonnt in Szene.

Bildnachweis

Coverfoto: Silvio Knezevic, München; alle anderen Fotos: Joerg Lehmann

Titelrezept

Weißbrot aus dem Topf (S. 52)

QUALITÄTS G|U GARANTIE

LIEBE LESERINNEN UND LESER,
wir wollen Ihnen mit diesem Buch Informationen und Anregungen geben, um Ihnen das Leben zu erleichtern oder Sie zu inspirieren, Neues auszuprobieren. Wir achten bei der Erstellung unserer Bücher auf Aktualität und stellen höchste Ansprüche an Inhalt und Gestaltung. Alle Anleitungen und Rezepte werden von unseren Autoren, jeweils Experten auf ihren Gebieten, gewissenhaft erstellt und von unseren Redakteur*innen mit größter Sorgfalt ausgewählt und geprüft.

Haben wir Ihre Erwartungen erfüllt? Sind Sie mit diesem Buch und seinen Inhalten zufrieden? Wir freuen uns auf Ihre Rückmeldung. Und wir freuen uns, wenn Sie diesen Titel weiterempfehlen, in Ihrem Freundeskreis oder bei Ihrem Online-Kauf.

Sollten wir Ihre Erwartungen so gar nicht erfüllt haben, tauschen wir Ihnen Ihr Buch jederzeit gegen ein gleichwertiges zum gleichen oder ähnlichen Thema um.

KONTAKT ZUM LESERSERVICE
GRÄFE UND UNZER VERLAG
Grillparzerstraße 8
81675 München
www.gu.de

Backofenhinweis:
Die Backzeiten können je nach Herd variieren. Unsere Temperaturangaben beziehen sich auf das Backen im Elektroherd mit Ober- und Unterhitze.

Umwelthinweis:
Dieses Buch ist auf PEFC-zertifiziertem Papier aus nachhaltiger Waldwirtschaft gedruckt.